変革と共存の現代経済史

日米中の経済力学を解き明かす

水野勝之／楠本眞司
土居拓務／本田知之 [著]

中央経済社

は じ め に

　日本，アメリカ，中国の経済関係から目が離せない昨今ですが，これら3国の経済史を幅広く扱った教科書はあまり存在しません。

　そもそも現代経済史は，現在の経済に直結するような極めて重要な歴史であるにもかかわらず，中学や高校ではあまり触れられない傾向があります。その理由は，中学生や高校生，現役の大学生らにとっては「知らない歴史」であるにもかかわらず，教育者である大人にとっては「最近の経済事情」であるため，認識や知識にミスマッチが生じ，うまく伝えられていないからであると筆者は考えています。

　その時代を生きた大人が，「最近の経済事情」を執筆しようとすると，必要以上に細部まで説明してしまい，「知らない歴史」を初めて学習する中学生や高校生，大学生はその全体像を把握しきれないでしょう。

　そこで，本書は，日本，アメリカ，中国の現代につながる直近の歴史について，経済の切り口から要点を整理しました。

　3か国の現代経済史を学びつつ，そのなかで学問としての経済学が果たしてきた役割を感じていただけたら幸甚です。

　近年，中国の経済規模が拡大し，日本は中国との貿易を拡大させる一方，アメリカと中国の間では貿易摩擦が発生するなど3国の緊張は高まっています。

　日本は，アメリカ，中国の両国ともに切っても切れない経済的な関係を有しています。そんなわれわれがアメリカや中国，何より自国の経済と歴史背景を理解しないままに「この政策は危険」，「これは安全」などと判断していては，経済が間違った方向に誘導されかねません。

　本書が，現代における3国の経済関係とその歴史背景を知るうえでのツールとなり，今後の世界経済の在り方を考える素材の1つとなれば大変光栄です。

　なお，本書は以下の書籍をベースにしつつ，4名の著者による加筆・修正に

より大幅に改訂し，まったく新しい書籍として再構築いたしました。

- 水野勝之『マクロ経済分析入門』（創成社）（1997年5月）
- 水野勝之『どうなってるの!?　日本の経済』（中央経済社）（2001年9月）
- 楠本眞司『日本経済の三〇年～産業循環の視点から～』青山ライフ出版（2012年1月）
- 水野勝之『基本経済学視点で読み解く　アベノミクスの功罪』中央経済社（2021年3月）

　また，中央経済社の杉原茂樹氏には，本書の出版にあたりさまざまな面でご尽力いただきましたこと，心より感謝申し上げます。

　最後になりますが，著者の1人である楠本眞司先生におかれましては，本書の原稿を書き上げられた後，2023年5月にご逝去されました。本書の完成間近までご協力，ご尽力くださったことに感謝申し上げるとともに，心より哀悼の意を表します。

2023年5月

著者を代表して

土居　拓務

目　次

第3編　中国現代経済史

第 **1** 編

日本現代経済史[1]

第1章 1960－1975年の日本経済

1 高度成長期

　読者の諸君も「高度経済成長」や「高度成長期」という言葉を聞いたことがあろう。若者にとっては生まれる前の話である。現在は年に1％ほどの経済成長（＝GDPの伸び率）であるが，かつては年に10％（当時はGDPでなくGNPといわれた）ほども伸びた時期があった。これは平均して年に10％ほど所得が増えることを意味し，この経済成長が続けば10年ほどで日本の所得は2倍以上になる。そのような時期がかつての日本に存在し，今でも語り草になっているのである。

　さて，カッコ内でGDPとGNPについて触れた。GDPは聞きなれているが，GNPは聞きなれないという人も多かろう。当時の経済成長の計算のもととなったのがGNPという統計であり，国民の所得を指した。その成長率は国民の豊かさの増加分を表していたのである。

　GDPとGNPの違い　そもそもGDPとは何か。GDPとは日本の所得の合計である。もっとわかりやすくいうと，企業と日本にいる人たちの所得の合計である。かつてはGNPという統計指標が使われていた。どこが違うのか。GDPでは日本にいる外国人労働者の所得を日本の所得として計算していた。例えば，日本のプロ野球で活躍している外国人選手の年俸が，GDPのケースでは日本の所得，GNPのケースでは籍を置く国の所得に参入される。

　1990年代以降，全世界において外国人労働者の数は増える傾向にある。いわ

ゆるグローバル化である。そこで，その実態に合わせて計算方法も1993年にGNPからGDPに切り替えたのである。

　ただし，このように明確な理由がなくても，GDPの計算方法が切り替わることがある。時代に応じて計算内容に変更が必要だからである。2016年7〜9月期から企業の研究開発費などもGDPに算入することとなり，結果的に30兆円が押し上げられた（つまり，GDPが突然30兆円増える計算になった）。政府の統計は，その分野に携わっている人は納得するが，それ以外の人には理解しがたいことがある。途中推計などの政府や専門家の丁寧な解説が必要となる。

　高度成長期のきっかけは，一般に1960年の池田勇人内閣の国民所得倍増計画の発表時とされている。もちろんその日から急速な経済成長が始まったわけではない。その発表を機に，アメリカに頼りながら戦後復興を遂げてきた日本経済は自分の足で立つという大きな転換点を迎えた。自分の力での経済成長に軸足を置き直したわけである。池田内閣の国民所得倍増計画とは，1961年度から1970年度までの約10年間の実質経済成長率の目標を7.2％に据え，それを実現させようという内容であった。それが実現すれば，10年間で日本人の所得が2倍になる。それだけ大きな成長を目指そうとしたのであった。

　まず，この計画の発表に即応したのは生産活動を担う企業であった。その計画内容が実現すれば好景気が訪れるという期待で設備投資への意欲が高まった。企業が好景気の先取り（＝生産しておけば儲かると予想）で所得倍増計画発表直後の1960−1961年に企業による設備投資ブームが発生した。それが弾みとなり，その後の経済成長のための生産基盤が充実した。経済で最も重要な要素の1つである日本の生産力の基礎を確保したといえよう。

　民間企業の設備投資への積極姿勢を誘引しただけでなく，政府は日本人が初めて経験するような景気拡大の呼び水を用意した。第一が，1940年に中止された東京オリンピックの実現である。1964年の東京オリンピックの誘致に成功し，日本はそれを実行した。経済は人の行動の結果である。経済を動かす要因として最も重要なのは，国民の気持ちの盛り上がりである。経済は人の気持ちいかんで動いたり止まったりするものであり，東京オリンピックの開催は，日本国

民の気持ちを大いに盛り立てた。その高揚した国民の気持ちはその後に経済が躍動する牽引力となった。

　第二に，東京オリンピック開催とほぼ同時期に首都高速道路や東海道新幹線を開通させたことである。国際社会への仲間入りをするため，東京オリンピックに間に合わせる形で突貫工事により建設された。東京オリンピック会場となる諸施設の建設と合わせて，これらの大型公共事業は大規模な雇用と，それに伴う国民の所得を生み出した。

　「公共事業が景気を刺激する」というケインズ経済学の理論どおり，政府の大型公共事業計画の実施がきっかけとなり，その後，日本は本格的な高度経済成長の軌道に乗った。

　高度成長期だからといっても日本経済は一方的に成長を続けたわけではない。経済には好景気，不況を繰り返す景気循環がある。山あり谷ありで，東京オリンピックの翌年の1965年にその反動で一時的に景気が落ち込んだ。ただ，その落ち込みが長く続くわけではなく，その後，国内外の需要の高まりから鉄鋼，機械製造業などの重工業が栄えた。重工業のおかげで，当時の日本経済は高い率の経済成長を続けられた。その平均成長率は，前述の池田内閣が掲げた「実質経済成長率の目標値7.2％」を大きく上回ることとなった。

　図表1－1を見られたい。1973年の第一次石油ショックでの高度成長の終焉を迎えるまで，年率平均10％程の高成長を記録した。この高率な成長をもって「高度経済成長」や「高度成長期」などと呼んだ。

　この高度成長期の期間は「投資が投資を呼ぶ」といわれる状況が特徴であった。企業Aが設備投資を行って最新の機械を購入したいとしても，その機械を生産する会社Bがその機械をつくれるようになっていなければ企業Aは購入や整備ができない。企業Aが設備投資するためにはその機械設備を生産する企業Bがまず設備投資しなければならない。よって企業Aはまず企業Bに投資をした。このように投資が他の投資を呼び起こし続けた。これが「投資が投資を呼ぶ」の意味である。

　次々に設備投資を行う企業の積極的行動が牽引し合い，「設備投資が景気を

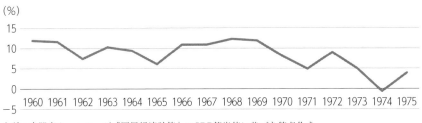

図表1－1　高度成長期の実質経済成長率（年度）

出所：内閣府ホームページ「国民経済計算」のGDP算出値に基づき筆者作成。

刺激する」というケインズ理論のとおり，日本経済は好循環となり，高度な成長を迎えた。また，日常の消費生活も使い捨てが習慣化された。ケインズ経済学に従うと，モノが売れれば売れるほど企業や労働者の所得が増える。とにかく消費が増えればよいわけだ。結果的には「買っては捨てて，また買って」という消費習慣が日本経済の高い成長を実現させた。貿易関連でも，品質の良い日本製品に対する海外からの需要は大きく，そのため日本の輸出は好調であった。輸出が増えて外貨を稼げた。「ケインズ経済学」では公共投資と設備投資の役割の重大さを取り上げているが，外国からの需要である輸出もこの両者に並ぶ大きな働きをする。つまり，輸出とは海外にモノが売れることを意味し，これが大きければ大きいほど日本人の所得は増えることになる。原材料を輸入し，それを高い技術で加工して（付加価値を付けて）輸出することを加工貿易と呼び，当時の日本経済を支えた要因の1つであった。

ケインズ経済学　政府が公共事業を行ったり，企業が設備投資を行うと，新たな労働者が雇われることになる。雇われた労働者には給料が入り，労働者はそれで消費活動を行う。例えば，これまで以上にビールを消費したとする。そうすると，消費の対象になる企業（ビールを生産する企業）では生産体制が足りなくなり，追加の設備投資を行うことになる。そうすると，そこでもまた労働者が雇われる。そしてビール工場で雇われた労働者にも給料が入り，新たな消費活動が行われる。

　これらが繰り返されて，国民には新たな所得が発生し，それが設備投資を通

してどんどん増えていく好循環が発生する。これがケインズ経済学の基本的な考え方である。

ケインズ経済政策　高度経済成長期，政府はケインズ経済政策を効果的に活用した。景気が悪くなり民間の需要が減退すると，政府は公共投資などの財政支出を積極的に増加させた（これを財政政策と呼ぶ）。同時に公定歩合（現在は「基準貸付利率」と呼ばれる中央銀行（日本銀行）が民間銀行にお金を貸し出すときの金利）（金利）を引き下げ，企業が銀行からお金を借りやすくし，設備投資を促進した（これを金融政策と呼ぶ）。

　反対に，景気が加熱して必要以上に物価が上昇しそうなときには，インフレを抑制させる対策として，マネーサプライの抑止を図る。その手段として，日本銀行は公定歩合（基準貸付利率）を引き上げ，市中金利を引き上げる。これにより金融機関から企業へのお金の流れが滞り，設備投資を抑えることができる。

　ケインズ政策とは，景気後退期には積極財政支出と金融緩和，景気過熱期には金融引き締めという政策をとることである。高度経済成長を実現させた要因の1つとして，このケインズ政策が功を奏したことがあげられる。

習慣化　従来の経済学に従うと，人はその都度で最良の判断を行い最良の選択をすることになっている。しかし，行動経済学では，人はそのように合理的な選択を行っていないという現実を重視する。人というのは常に「考える」ことを重視しているわけではなく，慣れたことは考えずに行動している（認知節約）。これまでの習慣から，その都度，選択肢を考えることなく同じ行動を続けることを「習慣化」という。

2　高度成長の要因

　どこの国でも，当時の日本のようなケインズ政策を実行すれば高度成長を達成しうるのかというと，そう簡単ではない。日本の高度成長を実現させた要因は，日本特有のものであった。

　日本の高度経済成長のきっかけになり，牽引した背景には複数の国内的要因と国外的要因があった。

（1）国内的要因

　日本経済の高度成長を支えた国内的な要因に目を向けよう。経済理論に従えば，経済が成長するためには1つだけでなくいくつかの要因が必要となる。一般の経済理論的に経済を成長させる主たる要因として，①資本設備の増加，②労働の増加，③分業の進展，④イノベーション（技術革新）などがあげられる。

　①資本設備の増加は，ケインズ経済学の中で重要な役割を果たす。設備投資の結果，資本ストック，つまり機械設備や建物が増加する。設備がなければ企業は生産を行えない。生産を今以上に増やしたいとき，あるいは現在はつくっていない新たな財を生産したいとき，既存の生産設備では対応できない。そのため，企業は追加の資本設備を行わなければならない。国内の需要面（デマンドサイド）である設備投資を行うことにより，供給面（サプライサイド）としての生産力も充実させる。設備投資（資本設備の増加）は経済全体における需要と供給の両方を充実させるので，国の経済成長につながる重要な要素になる。

　②労働の増加も生産力を充実させ，増強させる役割を果たす。経済学の基本的な生産理論では，労働の投入量を増やせば生産量が増えると論じられている（生産関数）。生産に携わる労働者を増やせば生産量が増えるのは自明である。生産面であるサプライサイドが充実すれば生産力が向上し，経済成長を支えることになる。需要面であるデマンドサイドから見ると，労働者が増えれば，彼らの所得が増え，消費の増加を生み出す。それが次々に各需要に波及していくため，サプライサイド，デマンドサイドの両面で効果を生み出す。

　③分業の進展は，生産における作業内容の分担を意味する。長い歴史において産業が発展した背景は分業の効率性を取り入れたことによる。分業といっても，個々の企業の中での分業，国内での企業間の分業，そして海外を含めての国際間の分業などがある。こうした分業の促進によって生産量が増える。分業を増やすことにより生産性が上昇し，国全体，世界全体の経済が成長する。日本の高度経済成長の背景には分業の進展も無視できない。

　④イノベーション（技術革新）などは，機械設備の技術の進化やインフラの

技術の進化を取り入れて生産を変化させることで生産性が上昇することを指す。新たな技術での生産は新たな需要を生み出す。需要面にとってプラスの好循環を生み出す。なお，イノベーションは生産体制を変化させるため，一時的には雇用を減少させるという意見もあるが，新しい仕事を創り出すことで，新たな雇用も発生させる（創造的破壊）。

　この①〜④の要因が複合的に機能し日本経済の高度成長を実現させた。高度成長期の「投資が投資を呼ぶ」状況は資本設備の充実をもたらした。地方から産業地域への労働移転は日本産業における労働力の確保に役立った。分業は各企業内，産業内または産業同士だけでなく，グローバルレベルでも行われ，日本が加工貿易立国としての地位を確保した。そしてイノベーションについても，高度成長期には企業や国により研究投資が促進された。その結果，日本経済でのイノベーションは急速に進み，生産力が飛躍的に向上した。

　経済成長を可能にした理由を国内的観点から見れば，これらの要因が原動力となり，当初の計画以上の高度成長を実現させたといえる。

[創造的破壊]　イノベーション（技術革新）が進むと産業地図も変わってくることがある。変わるというのは，古くなった産業や職業が隅に追いやられ，新しい産業や職業が中心的な地位を占めることを指す。既存の産業や職業が破壊されてしまうことを問題視する声も多いが，同時に新たに創造されるため中長期的には問題ないといえる。この現象のことを「イノベーションの創造的破壊」などと呼ぶ。イノベーションにより廃れる産業や職業，創造される産業や職業があるのは自明である。歴史ではこれが繰り返され，経済が成長してきた。

　しかし，一時的とはいえ職を失う人たちはたまったものではない。その人たちの技術は次の職業では通じないので，なかなか雇ってもらえず給料が下がるなど，さまざまな問題が生じるのも事実である。社会ではこれら苦難を長期的に乗り越えながら経済は成長していく。

[イノベーション理論]　イノベーション（技術革新）について生産関数で説明される。縦軸に生産量，横軸に生産要素（資本・労働など）の投入量をとると，投入量が増えるにつれて生産量が増えるという生産関数のグラフが描ける。

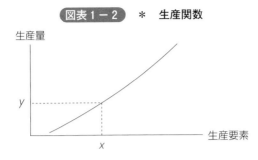

図表1−2　*　生産関数

イノベーションが発生すると，同じ生産要素の投入量でもより多くの生産を行えるようになる。**図表1−2**でいえば，生産関数（曲線）が上にシフトすることになる。

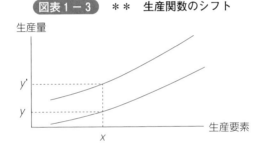

図表1−3　**　生産関数のシフト

同じ生産要素の投入量でもイノベーション前は下位の生産関数上の点yしか生産できなかったが，イノベーション後は上位の生産関数上の点y'で生産することができる。

　ここまで日本の高度経済成長を実現させた経済理論的な国内的要因をあげてきたが，これらとは別に，わが国の高度経済成長を支えた日本人特有の要因があったと考えられる。

　1つが，日本人特有の勤勉性である。勤勉とは「仕事や勉強などに精を出してはげむこと」（コトバンク：精選版　日本国語大辞典）である。もちろん勤勉性だけで経済は発展しないが，このまじめさは日本の経済成長を支えた1つの大きな柱である。昭和の時代には「会社人間」と揶揄されたほど仕事と人生

とを一体化させた日本人の姿勢が会社を成長させ，生産性を高めてきた（＝同じ労働量でより多くの生産を実現させた）。21世紀の日本経済も，仕事に励んだ先人たちの努力の礎の上に成り立っているといっても過言ではない。日本の高度成長の実現にはこうした日本人の勤勉性が大きく寄与した。

　もう1つの大きな要因として，日本人の高い貯蓄率があげられる。高度成長期の日本人は得た収入の多くを消費に回すだけでなく貯蓄にも回した。金融では，金融機関から企業が資金を調達し，設備投資を行うという仕組みになっていた。金融機関の資金が潤沢でないと，企業が設備投資を行えなくなってしまう。つまり，高い貯蓄率は，銀行など金融機関の資金を潤沢にすることを意味する。日本人の高い貯蓄率が高度経済成長に大きく貢献した。

　一方，貯蓄率が高いと消費に向かうはずのお金を減らしてしまうという，消費との競合関係がある。この競合関係のことを「倹約のパラドックス」という。そのパラドックスによって消費が減ったとしても，かつての日本経済ではそれ以上の率で所得が増え，そして消費も順調に増加した。現在のようにお金が金融市場に滞留し続けてしまい，消費が滞ってしまうという問題も起こらなかった。高い貯蓄率は，企業の設備投資を促進したことで経済成長に大きく寄与したといえる。

競 合　経済の世界では競合関係が発生する。競合関係はトレードオフとも表現され，「こっちを立てればあっちが立たず」という関係を指す。経済学では下記のようなケインズの乗数理論が知られている。

国民所得の増加＝（1／（貯蓄率））×（設備・公共）投資の増加

　貯蓄率は，ケインズ乗数理論では限界貯蓄性向と表現される。限界貯蓄性向とは貯蓄の増加分を所得の増加分で割った比率である。
　設備投資や公共投資は消費の力を借りて国民所得を大きく（「1／（貯蓄率）」倍も）増加させるという関係である。しかし，貯蓄率が高いと「1／（貯蓄率）」の値が小さくなってしまい，設備投資や公共投資による経済効果も薄れてしまう。

（2）国外的要因

　国内的要因だけではなく，国外的要因も日本経済の高度成長に貢献した。日本経済の高度成長を実現させた2つの主要な国外的要因について説明しよう。

　第一の要因は，固定為替相場制（1ドル＝360円）であった。第二は，安価な原油価格であった。加工貿易を特長とする日本にとってこの2つは大きな意味をもっていた。

　第一の固定為替相場制は，高度成長期の昭和30年代後半から昭和40年代半ばまで，1ドル360円と固定されていたというものである。2023年現在と比較すると相当な円安状態で固定されていたことがわかる。これは戦後の日本経済立て直しのための戦勝国アメリカの温情レートであった。円安は日本からアメリカへの輸出を促進し，逆に円高は輸出を減退させる。円安の水準である1ドル360円という固定相場制は1971年（昭和46年）のニクソンショック（後述）まで続いた。日本製品の海外への輸出が増加し，日本に恒常的な対米貿易黒字を実現した。

　もう1つの国外的要因は，日本で生産する製品の原材料となる原油の価格が非常に安かったことである。当時，日本で生産される財の多くに石油が使用されていた。原油を安く利用できた理由は主に2つある。第一に，取引される原油価格自体が非常に安価であったことである。1973年（昭和48年）の第一次石油ショック以前，原油価格は1バーレル（約159リットル。原油を測る単位）0.5～1ドルと非常に安かった。第二に，日本国内で原油の輸送コストがかからなかったことである。産油国から日本までの輸送は大型タンカーで行うが，日本到着後は国土面積が狭いこと，日本の工業地帯の大半は臨海部に立地していたことから国内輸送コストがあまりかからないで済んだ。

　これら外的な要因から，日本経済は低コストで原油を輸入し，国内，海外向けの生産に活用することができたので，相対的に低価格で高品質の生産物をつくり上げることができた。加工貿易の日本経済にとって，原油価格の低水準が高度成長に有利に機能したのである。

　1ドル360円の固定相場制，安い原油価格という外的要因が日本の高度成長を支えたのである。

日本経済の自立　戦後，アメリカの庇護のもとにいた日本経済であるが，変動為替制度への切り替えで経済政策の転換を図らざるを得なかった。それに加えて，安く手に入れていた原油価格が高騰し，日本経済は底に落とされた。そこからは自力で這い上がるしかなく，変動為替制の導入，原油価格の高騰という事象が，日本経済の自立を促したといって過言ではない。

3　高度成長の問題点

　日本の高度成長期は現在の日本経済の基礎を築いたという重要な意義を持つ。他方，当時の日本は経済立国としてはまだまだ未熟な点が多く見られた。経済の成長とともに諸問題が発生する。それらを解決しなければならないという認識が希薄であった。たとえ，それが問題と気づいても，解決しようとしなかっただろうし，その解決能力も伴っていなかった。日本の高度成長期の生み出した主な問題点をいくつかあげてみる。

　第一は，公害である。公害とは，経済活動により廃棄されたさまざまな有害物質によって人々の健康が害されることである。工業の発展や交通の拡大に伴いさまざまな公害が発生した。高度成長期は，産業廃棄物がもたらす公害に対して日本社会は全く無自覚であった。公害解決の意識も低く，全国で深刻な公害問題を発生させ，拡大させた。政府による規制（＝汚染物質排出に対する規制）の無整備は，熊本や新潟では水俣病，四日市ではぜんそくなどを引き起こした。現在の中国の北京のように，当時，東京の空は晴れの日でも自動車の排気ガスで曇っていた。高度成長期，政府も国民も環境保全の意識が薄く，環境保全よりも経済成長を優先する姿勢であった。

　第二は，都市と地方，および地域間におけるアンバランスな経済成長があげられる。日本の高度成長の中心は大都市や特定の工業地帯であり，人口が都市

や大規模工業地帯の周辺に集中することになった。インフラが整備されて成長の著しい地域と，人口が流出し過疎になる地域が同時に発生した。東京を中心とする大都市では急速に人口が集中した。インフラが整ったといっても，その住宅は「うさぎ小屋」と呼ばれるような小型住宅が多く建築された形であり，快適な生活とは言い難かった。他方，若い世代の流出に歯止めのかからない地方には高齢者が多くとり残された。このような地域の二極化，地域格差が始まり，それは今なお続いている。

　第三は貿易問題をあげることができる。ひとつの例として日本製品の輸出の「し過ぎ」があった。優れた品質の日本製品は海外からの引き合いが多かった。そのため，アメリカや東南アジアなどの輸入国の国民に反感を持たれることが多かった。アメリカの場合，貿易で過度に不利になっていたため為替レートを変更せざるを得なくなった。東アジア諸国の場合，自国の産業の育成を阻む日本からの輸入に対して国民の反感が高まった。東アジアにおける日本企業の利己的に映る経営行動は，諸外国の反日感情をあおった。経済成長一辺倒の日本の姿勢が問われる問題であった。

　華やかな高度成長の半面，同時発生する経済諸問題に対してまだ認識の浅かった日本は不十分な対処しかできなかった。

SDGs　公害はSDGsの目標「3．すべての人に健康と福祉を」に反していることはいうまでもない。また，都会の人々は狭い住宅に住むことを余儀なくされ，地方ではサービスが行き届かなくなる。つまり，「11．住み続けられるまちづくりを」にも反している。さらに，発展途上国を市場化するだけでは「17．パートナーシップで目標を達成しよう」に反している。
　高度経済成長期はさまざまな面でSDGsの反面教師であったといえる。

トレードオフの課題　経済には競合（トレードオフ）という概念がある。経済政策には一方を立てれば他方が立たずという関係が必ず存在する。高度成長期には，経済の成長というプラス面に対して，さまざまなマイナス面が提示された。本文中にあげた公害，地域の過疎化，他国との摩擦などである。こうした「競

合の発生」という事実に直面しながらも当時の為政者はイケイケどんどんと経
済成長を押していたと考えられる。

4　高度成長の終焉

　国内外の諸々の好条件をもとに成長し続けた日本経済であったが，1970年代
前半，その成長も陰りを見せ，終焉を迎える。これまであげてきた好条件が消
滅してしまったからである。高度成長が終焉を迎えた理由を国内的要因と国外
的要因に沿って説明していこう。

（1）国内的要因

　1972年に誕生した田中角栄内閣の最大の政策の目玉は，「日本列島改造論」
と呼ばれる内需振興策であった。田中内閣誕生以前の高度成長は東京，大阪，
名古屋といった大都市圏や，大規模工業地域を抱えたいくつかの都市中心の経
済成長だった。地方では人口が中央に移動し，過疎化が進み，他方大都市では
人口集中問題や公害問題が発生していた。こうした状況を改善するには，地理
的に均整のとれた経済成長が必要となる。遅れをとった地方にも産業を立地す
るか，産業の整った地域との行き来を便利にすればよい。このした理念のもと，
日本列島改造計画が発表された。

　この計画では，全国すみずみまで交通網の整備が不可欠であることが説明さ
れた。なかでも高速道路，新幹線，空港，港湾の建設がその根幹であることが
示された。実際，日本の産業構造が地域的に偏在していた当時において，この
田中内閣の改革案は画期的であった。この計画が実現すれば，日本全国でバラ
ンスの取れた経済成長の実現が可能となる。

　しかし，競合（トレードオフ）関係が経済には存在し，経済政策には必ずと
いってよいほど何かしら弊害が伴う。この日本列島改造計画を進めていけば，
工場や事業所立地のための資材や土地が必要となるのは明らかである。開発さ
れた地域は経済的に発展する。この希望的観測，つまりは人々の期待が，開発

図表1－4　消費者物価指数（2005年＝100）

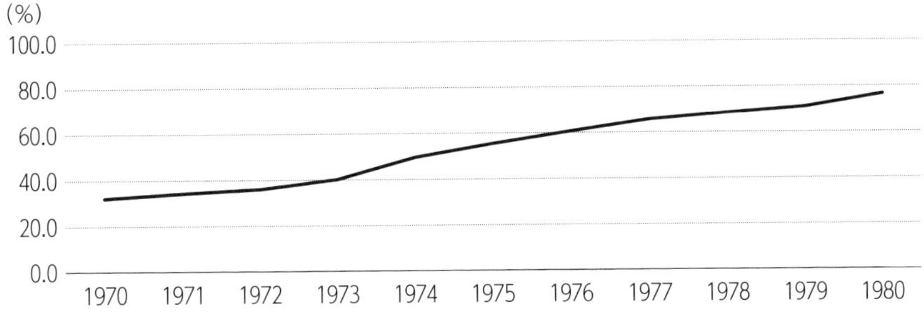

出所：総務省「消費者物価指数，平成17年基準消費者物価指数，長期時系列データ　接続指数」より
　　　筆者作成。

前にもかかわらず資材価格や地価を急騰させた。**図表1－4**に見られるように，物価指標の1つである消費者物価が急激に上昇した。当時の消費者物価上昇率は1973年に11.7％（ちなみに1974年は23.2％）にもなってしまった。田中内閣は計画実行の前にこの激しいインフレに直面してしまい，結局，日本列島改造計画は実行困難となってしまった。こうした異常事態のため政策実行に入る前段階で日本列島改造計画は行き詰まってしまったのである。

（2）国外的要因

　高度成長期の日本の対米貿易は恒常的に黒字であった。アメリカ側からみれば，これは貿易収支が赤字続きであることを意味した。この大きな要因は1ドル＝360円という円安の固定為替相場制が支えた構造である。戦後，日本の経済復興のために助力してきたアメリカであったが，いつの間にかその相手に自身が脅かされるようになってしまった。日本の国力に応じた為替水準（＝本来，もっと円高であるべき）にない以上，アメリカ側の恒常的対日貿易赤字の事態は避けられない。この固定為替相場制を改革するために1971年8月に米ニクソン大統領がドルと金との交換の一時停止措置を含む新経済政策を打ち出した。いわゆるニクソンショックである。この金とドルの交換を停止する金兌換一時停止とは，それまで金市場に介入して金価格をコントロールしていたドルがその役割を終えることを意味した。金価格が変動し，金取引での各国の通貨の価

値が変わってくる為替の固定相場制の終焉である。

　このような経済的な対応に不慣れであった日本は，他国が為替市場を閉鎖する中においても，為替市場を開いて不必要にドル買いを誘発したため，海外からの投機に利用されてしまった。当時の国際的経済政策の未熟さを露呈した結果になった。これは，その後の円高に弾みをつけ，1971年のスミソニアン会議の結果として1ドル＝308円という当時では極めて高い円レート水準が設定された。

　しかし，日本に不利になるはずの円高は日本経済に不況をもたらさなかった。この円高のマイナスの影響は景気の上昇によって打ち消されたからである。破竹の勢いというのはこのことであろう。日本の経済力はその後も成長し，1973年には円の実態価値は1ドル＝308円以上に相当する水準になってしまっていた。そして，同年にはついに完全に変動為替相場制へ移行せざるを得なくなった。このとき1949年から続けられてきた固定為替相場制は完全に終わり，日本の高度経済成長を支えてきた大きな支柱の1つが消え去ることとなった。

　日本の高度成長を支えてきたもう1つの国外的要因は原油の安さであった。当時，原油の価格は，メジャーと呼ばれる需要国（欧米）側の複数の大企業で決められていた。当時，メジャーは原油の採掘，輸送，精製，販売を独占していたため，産油国側も需要国側も従わざるを得なかった。ところが，1973年，これまでまとまりのなかったOPECの原油産出国が経済的に団結し，原油価格を引き上げることで合意した。それまで1バーレル（約159リットル）1〜2ドルだった原油価格が一気に12ドル前後にまで跳ね上がったのである。この原油価格の急騰により経済を石油に頼っていた先進国は大打撃を受けることとなった。これが第一次石油ショックである。加工貿易を特長としていた日本でも原料かつエネルギーである石油の価格の高騰は致命的であった。

　以上のように，ニクソンショックにより「1ドル＝360円」という固定相場制が崩れ，第一次石油ショックにより安価に原油を入手できなくなったことで国外的要因の2つの大きな柱が崩れた。そこに，前述の狂乱物価という国内要因も相まって，日本の高度経済成長は1973年に終わりを迎えることになった。

1975－1984年の日本経済

1　1970年代後半からの日本経済

　第一次石油ショックの影響により，狂乱物価状態の日本経済は追加的に大きな打撃を被った。それまでの年率10％ともいわれた高度経済成長はこれを機に完全にストップし，その後の日本経済は他国と同様深刻な不況に陥った。そのときの不況はスタグフレーションと呼ばれた。「スタグネーション（不況）＋インフレーション」という未曽有の組み合わせであり，脱出に苦労することとなった。

　その影響で1975年以降の日本経済は「安定成長」と呼ばれる低経済成長時代を迎えることとなった。その間に起きた出来事を**図表 2 － 1**にまとめた。

図表 2 － 1　1975－1984年の出来事

年次	出来事	年次	出来事
1973	第一次石油ショック	1979	第二次石油ショック
1974	三木武夫内閣誕生		一般消費税導入失敗
1975	ロッキード事件	1980	鈴木善幸内閣誕生
1976	福田赳夫内閣誕生		行政改革開始
福田内閣時	国債大量発行	1982	中曽根康弘内閣誕生
1978	大平正芳内閣誕生	1986	売上税導入答申

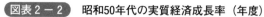

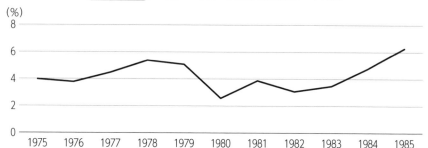

図表2－2 昭和50年代の実質経済成長率（年度）

出所：内閣府ホームページ「国民経済計算」のGDP算出値に基づき筆者作成。

備考：最近では年間で1～2％の経済成長であり，当時の4～5％の経済成長は高く見える。それで
　　　も低成長と呼ばれるのは，土台となるGDP（当時はGNPで計算）の絶対額が小さかったからで
　　　ある。100が10％伸びると10，1,000が1％伸びても10と同じ値である。伸び率は土台の絶対額
　　　から見た値となる。

　1975年以降は安定成長期と呼ばれた。これは実際のところ低成長の意味の聞
こえを良くしたものである。その特徴として次の5つがあげられる。

　①　国債の大量発行による恒常的な財政赤字の継続

　②　財政赤字解決のための間接税（一般消費税，売上税）導入の失敗

　③　財政支出削減のための行政改革の実行

　④　日本の貿易黒字で対外的に欧米，特にアメリカとの間で貿易摩擦

　⑤　第一次に続く第二次石油ショックの発生

　このうち国内的には①～③，対外的には④～⑤で特徴づけられる。これらの
出来事のもと，**図表2－2**に見られるように，日本は高率ではないが地道な経
済成長の道を歩んだ。

2　第一次石油ショック後の日本

　1973年の第一次石油ショックでの原油価格高騰により，世界全体に不況が広
がった。これが「世界同時不況」と呼ばれる現象である。このときの「世界同
時不況」の大きな特徴は，かつて経験したことのないスタグフレーションと呼
ばれる経済現象であったことである。世界経済がこのスタグフレーションに見

舞われたのである。

　これまでのケインズ経済学理論では，以下の組み合わせしか考えられていなかった。

　①　好況──インフレーション（物価上昇）

　②　不況──デフレーション（物価下落）

好況ならば需要が過熱し，モノやサービスの価格が上昇する。不況ならば需要が落ち込み，ものやサービスの価格が下落する。しかしながら，このとき起きたスタグフレーションはこの経済理論の常識を覆す組み合わせとなった。

　③　不況──インフレーション

という状況だったのである。不況になれば通常はものやサービスの買い手が減り，需要が減少し，物価が下落するはずである。しかし，需要が不足しているにもかかわらず，物価上昇が発生するという異例の事態が生じた。

　第一次石油ショック後，日本経済がこのようなスタグフレーションに見舞われた原因を考えるにあたり，経済理論にあるインフレーションの形態を整理しよう。インフレーションの形態にはディマンドプル・インフレーションとコストプッシュ・インフレーションの2つがある。ディマンドプル・インフレーションとは，需要が過熱し，それに応じて物価が上昇することを意味する。コストプッシュ・インフレーションは生産のための原材料の価格の値上がりが製品価格に転嫁され（上乗せされ），物価が上昇することを意味する。高度経済成長期に発生していたインフレレーションは前者のディマンドプル・インフレーションであった。

　だが，高度成長期の後半の1970年代前半になるとこの両者が同時発生した。田中角栄内閣による列島改造政策によって商品の売り惜しみが発生すると，それに動じた消費者がお店に殺到してディマンドプル・インフレーションが発生した。それと同時に，海外で第一次石油ショックが発生し，

　①　原油価格上昇に伴う価格への転嫁

　②　賃上げ

という事態がコストプッシュ・インフレーションをも引き起こした。

　特に②の賃上げについていうと，当時は「賃上げ」は前年の物価上昇率に応じて実現されていた。つまり，第一次石油ショック後は不況期にもかかわらず，不況年の前年の物価上昇率に応じて賃上げがなされていたのである。そのため企業はその賃上げ分を価格に転嫁（上乗せ）せざるを得なかった。この遅れた賃上げによるコストプッシュがスタグフレーションを引き起こしたのである。

　このスタグフレーションは日本で初めての経験となった。第一次石油ショック以降，このスタグフレーションが進行し，日本経済は長期的な不況に陥った。このとき世界経済もスタグフレーションに悩まされ，いわゆる「世界同時不況」に見舞われた。

トラウマを背負った企業文化　スタグフレーションの発生は，1年遅れた賃上げによるところが大きい。一度賃上げを行うと，その後いくら不況でも賃金を下げることが難しくなる。2021年2月，筆者が国会の財政金融委員会の参考人として呼ばれた際，「現在，賃上げがなされないのはなぜか」という質問を受けた。筆者は「このスタグフレーション時のトラウマのせいで，企業は賃上げができなくなっている」と回答した。その後のバブル経済時も（労働者には残業代などの形で付加的収入が入った），アベノミクス以降の政府からの賃上げ圧力のときも，企業は頑として賃上げを行っていない。筆者はスタグフレーション時における企業のトラウマが，日本の企業文化となり，現在に継承されていると考えている。

3　スタグフレーションからの脱出

　スタグフレーションの解決に対して，新たな経済対策を講じる必要が生じた。1976年に誕生した福田赳夫内閣のもとで，その解決に向けた1つの政策が実行された。

　スタグフレーションという不況に対しては，従来の経済理論に従って公共投資に頼って景気を上向かせたいものの，不況下にあって政府財政が乏しかったために，なかなか公共投資に踏み切れなかった。不況で税収を主とする政府歳

入も苦しくなっていた。公共投資を行いたくとも歳入が心配で行えない。そこで福田内閣のとった手法は大量の国債発行であった。財政難において国の供給力を確保するためには国債発行に頼るしかなかったのである。福田内閣以前は政府財政の国債への依存度は10％程度であったのに対して，福田内閣を境に30％以上に跳ね上がった。

　国債の大量発行により歳入を確保した政府は，それを財源に積極的に公共投資などを行うことができた。第一次石油ショックにより落ち込んでいた日本経済は，公共投資というカンフル剤が打たれ，スタグフレーションという不況から次第に立ち直っていった。1974年度に一度だけ実質経済成長率がマイナスに落ち込んだものの，その後の日本経済は徐々に立ち直っていった。この安定的な経済成長を支えている主要な要因の1つは政府の公共投資と金融緩和政策であり，なかでも公共投資の役割が大きかったといえる。

4　国債の大量発行の問題

　しかし，その国債の大量発行には大きな問題が含まれていた。財源が乏しいために国債を発行したいのだが，その国債の償還の時が来たとき，償還の資金をどのように工面するかの問題が生じた。現在は，国民が膨大な財政赤字にもある程度は慣れ，国債の償還に国債を発行して補うことが繰り返され，常態化している。ときに日本銀行（以下「日銀」と表記する場合がある）が国債を購入し，近年では自国で通貨を発行できる国においては，財政赤字によりデフォルト（債務不履行）の問題は発生しないという議論もある。しかし，当時は，大量の赤字国債発行は前代未聞だったので，その借金を返さなければならないという原則があった。その借金の返済を将来の納税者が負うという危惧が世論を席巻した。

　当時の赤字国債には，建設国債，財源のあてのある赤字国債，および財源のあてのない赤字国債の3分類があった。赤字国債は後世の人々の負担になるといっても，公共工事等のための第一の建設国債は道路やトンネルなど後世の

人々も利用できるものである。維持費がかかったり減価はあるものの，インフラとして利用可能なので，後世の人の負担もやむを得ないと考えられる。先祖がつくった畑を子孫が使うようなものであり，畑をつくったときの費用の一部を子孫が負担するというたとえになる。第二の財源のあてのある赤字国債は文字どおり償還の財源のあてがあるため問題ないとして，第三の財源のあてのない赤字国債はまるまる後世の人々の負担となる。かくして赤字国債の発行に伴う世代間の不公平という問題に突き当たる。

　赤字国債の大量発行を行う場合，次の2つの問題点が考えられた。第一に，世代間の不公平を引き起こすことである。それと同時に，大量発行以降，政府は国債償還対策に追われることになる。第二に，財政赤字に陥ることである。景気に対して公共投資を緊急出動させたくとも，財政赤字の状況ではそれ以上の赤字国債を発行しにくくなってしまい，積極的な動きがとれなくなってしまう。

　大量の国債発行により財源を確保することによってスタグフレーションを抜け出せた日本経済ではあったが，そのときの発行残高は後の世代への借金として残った。以後，日本経済は大幅な財政赤字で苦しめられることとなった。

　財政規律　当時，財政赤字は今以上に大事に捉えられていた。「後世の世代に負担を残してはダメだ」という考えが基本だったのである。今は，政府の予算において，歳入が少ないのに2019年度から2022年度まで100兆円を超える大型予算を組んでいる。大幅な赤字である。そして，いまや赤字国債も日銀が買えば済む問題という考えになっている。

　「国の借金を後世に残すべきではない」とする昭和の財政規律は，「日銀が資金を提供する」という現在のそれと大きく異なっているといえる。

5　間接税導入の試み

　財政赤字を解決するための方法の1つは増税である。政府の収入（歳入）が足りなければそれを補うために増税が考えられる。昭和50年代の赤字国債大量

発行による財政赤字を解消するため，（間接税がなかった）昭和の時代に二度の間接税の導入が図られた。一度目は1979年（昭和54年）の大平正芳内閣のときの「一般消費税」と名づけられた間接税である。ちょうど大量国債発行により恩恵を受けた当事者の世代の国民が，増税でその借金を返還しようとする理にかなった提案だった。同年の総選挙に一般消費税を掲げて大平内閣は打って出た。自民党不利との事前の情報により慌ててこの提案を引っ込めたものの，自民党はその選挙で惨敗に終わった。「一般消費税」に対して国民からは「ノー」の答えが出たのである。

　その次の間接税の導入は数年後に試みられた。中曽根康弘内閣の世論支持率が非常に高かったときである。その高い支持率を背景に「売上税」という間接税の導入が図られた（1986年政府税制調査会答申）。だが，やはり国民の合意が得られず，その構想も立ち消えた。

　このように財政赤字の穴埋めを間接税の導入という新たな形で試みようとしたが，その政府の方針は国民の賛意を得られなかったのである。間接税は一度導入すると，それが未来永劫続くという恐怖感があったからかもしれない。深刻な財政赤字問題の解決を安易に増税に頼ろうとすれば，国民から拒否される顕著な例にもなった。間接税の導入が成功したのは，1989年（平成元年）の竹下登内閣の消費税導入のときである。

6　行政改革

　政府が，入れるほう（間接税の導入による歳入増）ばかりの改革に集中して，出すほう（歳出）がずぼらでは，国民は納得しない。財政赤字を減らす他の手段の１つは，政府の支出（歳出）を減らすことである。その有力な方法は行政改革である。無駄な出費，非効率的な出費を洗い出し，それらを削減するというものである。行政改革に本格的に乗り出したのは1980年発足の鈴木善幸内閣であった。第二次臨時行政調査会を設置し，土光敏夫会長を中心に行政改革の本格的な案を練った。そして，その案に添って1977年発足の中曽根内閣以降で

行政改革が進められた。そのときの大きな改革は次のとおりである[2]。

第一は，NTTの誕生である。今のように携帯電話がほとんどない時代，一般の電話は有線の回線だけであった。その電話事業は公の組織である日本電信電話公社（以下，電電公社）の独占状態であった。1985年，その公社を民営化してNTTが誕生した。電電公社の民営化により大蔵省（現財務省）は株式を一般公開（売却）し，財政の歳入を確保することができた。それと同時に電話事業に競争を呼び込んだ。遠距離電話等では日本テレコム等の新しい会社が参入した。その結果，遠距離電話の料金は大幅に引き下げられた。

第二は，今はJR各社となっている国鉄の民営化である。国内の鉄道網を独占していた国鉄の放漫な経営のため，赤字が膨大に累積していた。その後も国鉄の赤字は天文学的に増える可能性があった。その第一の理由は人員の多さであり，私鉄の同じ駅（同じ規模）で比べても，国鉄の駅では，私鉄の駅員の2倍の職員がいたという事実もあった（横浜桜木町駅のケース）。第二の理由は「我田引鉄」とまでいわれた政治家の自分の地元（票田）への鉄道の強引な誘致合戦にあった。政治家は地元への利益誘導の1つとして鉄道の引き込みを図り，その結果全国至るところに赤字ローカル線が誕生することとなった。交通において国民は便利になる反面，国鉄の赤字を生み出す形態をとっていた。

当時，国鉄は唯一の全国的交通網と位置づけられていた。与野党両方の政治家に守られていたうえに強力な労働組合にも守られていた旧体質を改革する試みは，日本で最も困難な政策の1つであった。ところが，1975年に国鉄の労働組合がスト権を獲得するために長期的なストを実行したとき，乗客については私鉄が代替し，貨物についてはトラック輸送が代替することにより，国鉄が絶対的な唯一の輸送手段ではないことが逆説的に証明されてしまった。その結果，国鉄の本格的改革の必要性が声高にいわれ，行政改革案の1つとして，国鉄の民営化案が出された。その案に政治家も経営陣も労働組合もこぞって反発したものの，そうした反対を押し切って1987年に国鉄は全国のJR各社に分割され，民営化された。

この2点が当時の行政改革の画期的な内容である。官僚的でサービスが行き

届かなかった国鉄の民営化は旧態依然たる国鉄の体制を改革しサービスの向上を呼び込んだ。そして電電公社の民営化は電話事業を競争的なものにし，電話料金の引き下げにつながった。これらの改革以外には，専売公社の日本たばこ産業への民営化（1985年）も高く評価されている。これも政府の株公開（売却）により財政確保の目的を達した例としてあげられよう。

7　1980年代前半の外需依存

　1975年前後の未曽有のスタグフレーションも国債の大量発行による歳入確保が功を奏し，日本経済は危機を免れた。昭和50年代（1975－1984年）は低成長期と見なされながらも，実質経済成長率は5％前後を確保し，日本経済は着実に伸びた。

　1979年（昭和54年）のイラン革命を機に発生した第二次石油ショックでも，日本経済は他国ほどの打撃を受けなかった。その理由の第一は，早目に金融引き締めを行ったことである。第一次石油ショック前後の大幅なインフレを経験した政府は，早目に金利を引き上げた。その先手ともいえる政策により，インフレを抑えることに成功した。第二次石油ショック時1バーレルの原油価格が約10ドルから約30ドルにまで跳ね上がり，コストプッシュ・インフレの圧力がかかったが，手際のよい対策のために他国ほど高い物価上昇はなかった。

　第二次石油ショックで日本経済が大きく落ち込まなかった第二の理由は，産業，および国民生活での省エネ体質への変換が成し遂げられていたことであった。第一次石油ショック以前，日本は全面的に石油に依存する体制であったが，第一次石油ショックの際の手痛い経験によって，それ以後，脱石油社会が目指された。いわゆる省エネへの転換であった。その結果，原油価格が引き上げられても第一次石油ショックほどの被害は受けなかった。

　このように，1970年代後半を乗りきった日本経済は，財政赤字という問題を残しながらも，1980年代前半には安定的に成長した。日本経済の安定成長と呼ばれる。このときの日本経済を支えた原動力は国外からの需要，つまり外需で

あった。日本の輸出は好調であった。なかでも日本の自動車はアメリカ経済を脅かすほどアメリカ市場へ輸出されていた。アメリカ国内で日本製自動車がアメリカの自動車にとって代わった理由は次のとおりである。

　日本では国土が狭く道路も狭いため小型車が中心に生産されていた。それに対して，国土面積が広く道路も幅広く，かつ自国産出のため安価なガソリンに依存していたアメリカは，大型車中心の生産・消費体制であった。ところが第一次，第二次の石油ショックを通してガソリン価格が高騰したため，アメリカ国民のニーズが大型車から小型車へ急転した。しかし，アメリカには，小型車の生産技術と資本設備が整っていなかった。そこで高品質で故障の少ない日本の小型自動車が輸入されることになった。これは，アメリカ国民のニーズに合致していたが，アメリカ経済にとっては危機的状況に相当する。それまでアメリカ経済を支えてきたビッグスリー（ゼネラル・モーターズ（GM），フォードモーター，クライスラー）を中心とした自動車メーカーは軒並み苦戦を強いられ，アメリカ政府とアメリカ自動車産業は日本に対して強い不満を示した。自動車産業関連の雇用が危ぶまれたからである。これが日米貿易摩擦の原因となった。両国政府が交渉を繰り返した結果，結局1981年，日本の自動車業界が輸出の自主規制を行うことで落着した。日本の自動車業界がアメリカへの自動車輸出量を制限し，輸出を抑制することで日米貿易摩擦問題は一件落着したのである。

　このように1980年代前半の日本経済は外需依存型であり，自動車をはじめとした好調な輸出産業に支えられた。だが，その間も日米の貿易摩擦問題はときおり顔をのぞかせ，日本が苦汁を飲まされることもしばしばであった。

省エネの教訓　現在SDGsで地球の持続的発展がうたわれている。当時，後回しにしがちだった資源問題について，第一次石油ショック，第二次石油ショックは日本人に「省エネ」という概念を学ばせてくれた点で良かったのかもしれない。石油は国民生活を向上させる面だけでなく，経済全体を揺さぶること，公害を引き起こすこと，環境を悪化させることなど善し悪しの両面を持っていることを学ぶ契機となった。

第3章　1985－1991年の日本経済

1　プラザ合意と円高不況

　1980年代レーガン大統領下でのアメリカは好景気に転じた。他方で，アメリカ経済は財政赤字と貿易赤字の「双子の赤字」という現象に悩まされ続けた。特にレーガノミクスに由来するドル高（高金利政策をとっていたため）ゆえの貿易赤字は，日本との間だけでなく，各国との間に貿易摩擦問題を引き起こしていた。その解決には，各国協調によりドル高を抜本的に是正する方法しかなかった。そこで1985年9月，ニューヨークのプラザホテルで先進5ヵ国蔵相中央銀行総裁会議G5が開催された。各国ともドル高の影響で自国通貨が安くなっており，アメリカを含む各国の政策努力によりドル高を修正しようという話し合いとなった。その結果，各国が協調してその是正を行うと同時に，高金利政策のアメリカもドル高修正に応じることとなった。このときの政策協調をプラザ合意という。1980年代の円相場の推移を表した**図表3－1**でも，1985年が分岐点となっていることが読み取れる。

　プラザ合意後，各国ともドル高是正策を講じ，実際ドル高は修正された。日本でも，1985年には1ドル＝200円台であったドルが1986年には1ドル＝150円台までの円高水準へと急騰した。まさに急激な円高である。通貨高はその国の経済に悪影響を及ぼす。この円高は日本経済に大きな影響を与えた。好調だった輸出に陰りがみえ，このまま円高になり続けるといった心理的要因も重なって，1986年には一時不況に陥ることになった。このときの景気後退を「円高不

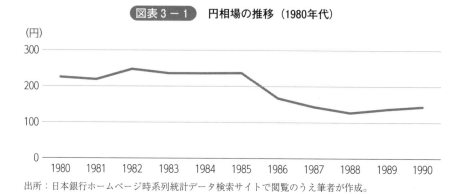

図表 3 - 1　円相場の推移（1980年代）

出所：日本銀行ホームページ時系列統計データ検索サイトで閲覧のうえ筆者が作成。

況」という。ただし，次項にあげる理由から，円高から引き起こされた1986年の円高不況は長引くことはなかった。

アメリカ主導になる理由　2022年，台湾，韓国の半導体が世界を席巻し，日本の半導体のシェアは 6 ％程度となってしまった。コロナ禍で世界的な半導体不足が起きて，日本ではそれを必要とする製品（自動車など）を生産できなくなった。実は，かつて日本の半導体シェアは世界一だった。しかし，アメリカは常に日本が出すぎるとその頭を杭のように打ち込む。1986年に「日米半導体協定」（第一次協定）が締結され，日本はアメリカへの半導体輸出を自主規制すること，日本国内のニーズに対しては事実上アメリカ製の製品を推奨することが決められ，半導体世界一から転落させられるきっかけとなった。アメリカは，日本経済が出すぎないように超長期的にコントロールしている一例である。

注）津田建二「日本の半導体ICメーカーのシェアは 2 年連続 6 ％」『Yahoo！ニュース』（2022年 7 月30日記事）を参考にしている。

2　バブル経済

　1987年（昭和62年）に発生した好況は活況を呈した。それをバブル経済または平成景気と呼ぶ。そのバブル経済が生じた理由はいくつかある。その主な理由をあげてみよう。

　第一に，円高不況に直面した企業のスリム化があげられる。企業は，1986年

（昭和61年）円高不況を乗り切るため，余分な機械設備や労働力を削って合理化を図った。この整理は，企業の非効率な部分，つまりぜい肉を落としたことを意味し，企業体力のスリム化につながった。企業はそのスリム化によりその次のアクションがとりやすくなったといえる。この企業の体質変化がバブルの土台になった。

　第二に，政府による緊急対策支出と金融緩和があげられる。円高不況に対して政府は公共事業拡大を含む多額の緊急対策支出（昭和61年総合経済対策，昭和62年緊急経済対策）を決定し実行した。当時の日本の経済構造は，企業のスリム化も手伝い，公共事業効果が波及しやすい構造にあった。その状況下で，財政を出動させて不況を解決するケインズ政策的財政支出が効を奏した。

　公共事業の拡大と同時に公定歩合を引き下げ（1987年2月に2.50%）（当時，日本銀行から民間銀行への貸金金利である公定歩合を上下することで金融政策をコントロールしていた），市中の金利低下を誘引し，投資を促進させるための金融緩和政策も成功した。「住宅ローンの年末残高」制度の導入での住宅ローン減税[3]，および低金利の実施などの住宅政策により民間の住宅投資も好調だった。それに加え，企業の設備投資も増加し，景気への刺激となった。

　第三に，輸出が堅調であった事実もあげられる。急速な円高のため輸出が急激に落ち込むかと思われたが，日本製品への信頼のためか輸出はそれほど落ち込まず，景気の足を大きく引っ張ることがなかった。むしろ1986年の貿易収支は83,204百万ドルと大幅黒字であった（前年の1985年は46,676百万ドル）。

　これらの3つの要因が複合的にうまく作用して，日本経済に好景気がもたらされた。この好況がバブル経済であり，1986年12月より1991年2月（昭和61年12月〜平成3年2月）頃まで続く長い好況期となった。この間の実質経済成長率は年率5%前後となり（この頃は5%でも高率の経済成長であった。土台のGDPの大きさが増えていたからである），高度成長期以来の高率の経済成長となった。バブル経済の効用はいくつかあるが，その中でも最も大きなことは，1975年前後のスタグフレーション対処期より累積されてきた財政赤字問題が税の自然増収によって解決できたことである。バブル経済のおかげで，次世代以

降に回収する予定だった借金の累積が解消できたのである。この財政赤字問題
の解決は大きい。

思いもよらぬ政策こそ経済パフォーマンスを改善する　いつの時代も，経済危機
　　を脱するため，画期的事象を喚起するためには，人々が思いもよらない方法を
　　とることが効果的なことが多い。高度成長をもたらしたのは夢物語のような所
　　得倍増計画，スタグフレーションから脱した赤字国債の初の大量発行，バブル
　　経済を引き起こしたのは逆説的とも思えるプラザ合意，近年では21世紀のアベ
　　ノミクスの異次元緩和や日銀の株式介入・国債大量購入などである。予想でき
　　ないことを行うことこそ，経済をよい方向に導く可能性がある。

3　バブルと呼ばれる理由

　この好況は「バブル経済」と呼ばれたが，いったいその理由は何か。バブル
は「泡（あわ）」を意味する。経済が中身（実体）のない膨れ方をしたという
形容である。それは何を意味するのか。一言でいえば，地価と株価が実際の経
済実態（需要の大きさ）以上に値上がりしてしまったことを指す。それらの価
格が実際の需要から全くかけ離れ，高騰してしまっていた。

　都会にあるマンションは 3 LDKの部屋でさえ数億円の値がつき，株価は主
要平均株価が 4 万円をうかがうところまでいった。しかし，このとき日本人が
経済的根拠なしに投機に走ったかといえばそうではない。企業なり，個人なり
それなりの根拠に基づいて投機活動を行っていたのである。

　まず地価についてみてみよう。バブルのときの地価の上昇は，1970年代前半
の地価の上昇と様相が異なる。1970年代前半，当時は田中角栄内閣の日本列島
改造ブームによって全国いっせいに地価が高騰したが，バブル期は，まず東京
の地価の値上がりから始まった。1980年代前半の低成長といえども外需の牽引
で安定的に経済は伸びており，ビジネスも好調だったことから，東京都内の事
務所オフィスへの需要は大きかった。しかし，当時多くの規制や法律の縛りが
あり，東京都内では新たなオフィスの建設は難しかった。そこで地上げが頻繁

に行われた。地上げとは住民等の建て込んだ古い家々（や建物）をまとめて平地にして，ビル建設用地をつくり出すことである。時として，反社会的勢力が前面に出て住んでいた人たちへの嫌がらせなどもなされた。この地上げが都心を中心に行われ，ビル建設のラッシュとなった。その結果として，都心の地価が大幅に上昇した。悪評の高い地上げではあったが，住民は全く何も渡されずに家を明け渡すのではなく，立ち退き料を含めた売却代金を手にしていた。立ち退いた住民らは新たに住む家を確保しなければならない。そこで，受け取った豊富な資金で郊外に家を建てることになる。首都近隣では，住宅建設が好調なところへ，都内からの人の流入が加わり，都内の地価高騰が郊外へと波及した。この東京近郊での地価の値上がりが関西，名古屋といった三大都市圏に波及，その後全国に広がっていった。

　このプロセスにおいて，建築のための需要だけでなく，土地への投機（土地を買ってその金額よりも高く売って儲ける）の需要も加わった。その結果，地価はうなぎ昇りとなり，前述のように実需から全くかけ離れ，東京ではマンション1室でさえ数億円という高値になってしまった。この背景には，土地への投機の安心感があった。地価は戦後上がることがあっても下がることは絶対になかった。いわゆる「土地神話」である。株価とは違い，戦後その時点まで，地価はいったん付けた値段より下がることはほとんどなかったのである。この土地神話ゆえに，土地への投機は安全であり，いくら地価が上昇しても次から次に投機が繰り返されたのである。

　他方，株価の値上がりも尋常ではなかった。天井知らずで，株価は変動しながらも上昇し続けた。地価と同様，株価も永遠に上昇するかのように皆が錯覚していた。途中，1987年10月にブラックマンデーと呼ばれる一時的な下落はあったものの，株価は上昇し続け，主要平均株価が最高で4万円近くまで上昇した（1989年12月3万8,915円）。このまま平均株価が4万円を超えると話す経済評論家が続出した。株価は高騰すれば当然，常識的には下落が待っているわけである。通常の経済理論に従うならばこのように実体経済から離れて大幅に値上がりするはずがなかった。それにもかかわらず，上昇したのはその明確な

経済的根拠があったからである。

　株価は企業の業績に応じた評価であるが，ある年だけ業績がたまたま良くなれば，株価は高くなってしまう。業績だけでは企業の正しい評価を付けられない。株価はそのときどきの業績だけでなく，企業の規模すなわち資産の大きさも評価に入れなければならない。企業の保有している資産が大きければ，企業は安定しているわけで株価も高くなるし，資産が小さければ，株価も安くなる。このように，株価は企業の保有資産の大きさにも依存する。ところで，この資産というのは，機械設備以外に土地建物などの不動産がある。バブル経済によって不動産が高騰し，土地神話という裏づけのもとに高値を付けていたとすれば，それを資産として持つ企業の株価も当然上昇することになる。したがって，株価の上昇には，資産価値の上昇という裏づけを持っていたのであった。

> **金融社会主義**　2020年以降，コロナ禍により株価が上昇するという不可思議な現象が日本，アメリカをはじめ世界各国で起きている。では，バブル経済のときと同じく心配かというと，そのときとは日銀や年金資金が株を購入しているということが違っている。特に日銀は，お金をいくらでも刷れる打ち出の小づちを持っている。そうした公的資金が株価を支えているため，安心ではあるが，逆に政府が株価をコントロールすることができてしまうことの証明でもある。このような状況は「金融社会主義」と呼ばれている。

4　バブル経済の崩壊

　バブル経済は不動産の高騰を招き，投機対象となっていた都心の一戸建てやマンションは庶民にとって購入できない高嶺の花となってしまった。不動産の価格の高騰は実需からかけ離れた状態になってしまっていた。

　そこには疑問が潜む。実際に住もうとする人が買えないなら，誰が買うのであろうか。株と同様に，そこにも不動産を買って値上がりした後に売り払ってお金を儲けようとする投機目的の会社や個人が存在した。だが彼らにも当然十分な資金が必要なはずである。資金を手にしているからこそ高い不動産を買え

る。ではその数億，数十億円という資金を投機に走る企業や個人が常に手元に持っていたかというとそうではない。彼らはその資金をノンバンク（＝法律上，銀行は貸し出しができないため別会社を立ち上げて融資を実施した）を含めた金融機関から借り入れていたのである。金融機関の貸付がバブルをあおったと批判されるのはこのことによる。「1990年代の金融危機」という言葉を耳にするが，それは，金融機関がバブルを膨らませて，後にその破裂のあおりを食い，貸付資金が回収できなくなったことを意味する。金融機関から投機企業への資金の流れが止まれば，企業や個人は投機ができなくなるわけで，不動産や株価の異常な高騰は収まり，バブル経済が終わるはずである。そして，それが実際に実現したのがバブル崩壊である。

　金融機関から投機企業への資金の流れが止まった理由として，第一に，日本銀行の金融引き締め政策があげられる。バブル経済の拡大を抑制するために，公定歩合を1990年8月に5.25％から6％へと引き上げた。当初経済界は，インフレ抑制のための引き上げに過ぎず，景気にあまり影響はないだろうと予想していた。だが，実際には，この公定歩合の引き上げで金融機関から投機企業への資金の流れがスムーズにはいかなくなった。この政策がバブル抑制につながり，日本のバブル経済を萎ませる大きな要因となった。後に日本銀行の三重野康総裁が「平成の鬼平」と呼ばれた理由である。

　金融機関から投機企業への資金の流れが止まった第二の理由に，金融機関の度重なる不祥事の発覚があげられる。バブル期の金融機関は，貸付を増やすことだけを目標とし，貸付先の担保確保などの慎重な確認を怠っていた。その中では，担保なしに資金を顔見知りの企業へ貸し出したり，架空の預金保証書を発行して顧客が他の銀行から借り入れられるようにしたりと，通常考えられないような違法行為が行われていた。証券会社も，株の損失を保証することを前提に企業に株の購入をもちかけていた。バブル全盛期には隠れていた，このような金融界の違法な行為が次々に明るみに出てきた。これが一連の「金融スキャンダル」である。各金融機関でスキャンダルが発覚し，金融機関には自粛が求められるようになった。その結果，金融機関から投機を目的とする企業へ

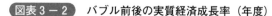

図表3－2　バブル前後の実質経済成長率（年度）

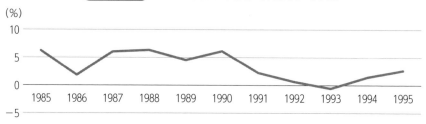

出所：内閣府ホームページ「国民経済計算」のGDP算出値に基づき筆者作成。

の資金の融資の流れがより一層滞ることになった。

　投機を目的とする企業に対する資金の流れがストップすると，地価・株価の高水準での取引が不可能となり，価格は下落し始めた。華やいだバブル経済はそこで終わりを迎えざるを得なくなる。バブル経済が終わりを告げたのは1991年4月の景気の「山」においてであった。

日本銀行への期待　人間心理として，株価も地価もあまりにも上がると，そのまま永劫上がり続けるような錯覚に陥る。そのように頭に血が上った人々の心理をコントロールできる，すなわち水を差せるのは日銀であり，それが役割でもある。金利を上下させて市中のお金の量をコントロールする権限を持っている。当時，三重野総裁がバブル経済に冷や水を浴びせて落ち着かせたと評価されているが，その後日本経済の失われた10年～20年はあまりにも長く深刻だった。ということは，日銀はより早い段階で手を打つべきだったことがわかる。

　コロナ禍においても，経済実態がついていけていないのに株価や地価が異常に上昇した。日銀が適切な役割を果たすべきときかもしれないが，経済理論で論破できないため，この現状は暗黙の支持を受けていた。また，国民が思ってもみなかった政策を実行したという点では成功かもしれないが，いつかその矛盾が露呈してくるかもしれない。

第4章 1991－2000年（バブル崩壊後）の日本経済

1　日本版ビッグバン

　こうした金融業界の混乱を収めるため，日本でも改革として1996年11月に当時の橋本龍太郎内閣が金融制度の日本版ビッグバン構想を発表した。ビッグバンというのは宇宙の始まりの大爆発を指す。それから転じて金融制度の抜本的改革を意味した。それ以降の動きを年表にしてみた（**図表4－1**）。

　流れは大きく3つに区分けすることができる。まず第1期は，1996年，1997年の金融機関の経営破綻期である。この第1期の特徴は，破綻した金融機関の多くが1つの組織として存在しえなくなってしまったことである。この時期の破綻とは「経済社会から消え去る破綻」を意味した。

　第2期は1998年である。ここでも日本長期信用銀行，日本債券信用銀行が破綻しているが，ここでの破綻は，その後も「組織として残っている破綻」だった。日本長期信用銀行は「新生銀行」，日本債券信用銀行はソフトバンク連合の経営下で「あおぞら銀行」と再編された。

　第3期は1999年に公的資金を注入されてから吹き荒れた「統合，合併」の嵐である。次から次に，先を争うかのように大手金融機関が統合，合併した。

図表4-1 金融ビッグバン以降の動き

```
【第1期】
1996.11  阪和銀行破綻（大蔵省戦後初の業務停止命令）
1997. 4  日産生命破綻
     11  三洋証券会社更生法申請
         北海道拓殖銀行破綻
         山一證券自主廃業決定
【第2期】
1998. 3  大手21行に公的資金1兆8,000億円を注入
      6  金融監督庁発足
     10  「金融再生法」「金融早期健全化法」成立
         日本長期信用銀行破綻
     12  日本債券信用銀行破綻
【第3期】
1998.12  本格的公的資金の注入決定（当初60兆円，2000年度に10兆円追加）
1999. 3  公的資金7兆6,500億円注入
      6  東邦生命破綻
      8  第一勧業銀行，富士銀行，日本興業銀行，統合発表（みずほグループ）
     10  住友銀行，さくら銀行合併発表
         三井海上，日本火災，興亜火災統合発表
     12  ペイオフ凍結解除の1年延期を決定
2000. 3  日本長期信用銀行，外資のリップルウッド社グループに譲渡
         三和，東海，あさひ銀行が統合発表
         （後にあさひ銀行が離脱。東洋信託を加えてUFJ銀行）
      5  第百生命破綻
      7  金融庁発足
      8  大正生命破綻
      9  日本債券信用銀行，ソフトバンク連合に譲渡
     10  千代田生命破綻
         協栄生命破綻
2001. 2  東京生命破綻
```

金融庁　かつて，政府のお金をコントロールするのはその財布を握っている旧大蔵省，そして民間の金融機関などを管理・指導するのも旧大蔵省だった。国のお金も民間のお金も，その運用に対してのコントロールの元が「大蔵省」という同じ組織だった。稼いだお金を自分で使うのは個人だったら自由でよい。すべてを自由にする権限がその人にある。しかし，こと国の予算に関してとなる

と，個人と同じ権限が大蔵省に当てはまるとしたら，政治家や他の省庁も手が出せなくなってしまう。旧大蔵省の権限が強くなりすぎてしまい，大蔵省主導の政策がとられるようになってしまい旧大蔵省が失敗したら官も民もすべて失敗するという危険が生じる。金融機関を監督するなどの金融行政の一部が1998年に金融監督庁として独立し，2000年にはそれが金融庁に衣替えされた。

バブル崩壊後は戦後四番目の景気拡張期？

「バブル後の景気低迷期の中で，1993年から1997年にかけては長期にわたる景気拡張期だった」，この言葉はちょっと矛盾して聞こえる。われわれが知っているバブル崩壊後の経済は確か「失われた10年」といわれていたはずであるが，この言葉によれば景気が良かったということになってしまう（アベノミクス時も，成長する他国の経済に対して，ほぼ成長できない日本経済だったにもかかわらず最長に近い景気拡張期だった）。バブル崩壊後にこのように長い景気回復があったならば日本の経済は急速に良くなっていたはずだ。

　実はこのとき，公共事業，減税を積極的に行い，表向きの景気を良くしたものの，金融機関がバブルで発生した不良債権の処理を行っていなかった。結局のところ，大きな不良債権が徐々に露呈したことと，政府のお金の使い過ぎによる大規模な借金が経済の足を引っ張ったことなどにより，経済の本格的な回復にはつながらなかった。景気が回復したかのように見えたが，実は不良債権が氷山の下に隠れていて，政府がいくら景気対策を行っても不良債権がその効果を飲み込んでしまっていた。そのため，日本の景気は頭打ち状態から脱することができなかったのである。以降，負の部分を隠すことは企業倫理の点で悪とされ，コンプライアンスが重視されるようになった。

　これらの事実から，政府の発表する景気指標を鵜呑みにすることが危険とわかる。

不良債権

バブル期，銀行は企業にたくさんの投機資金を貸し出していた。しかし，バブル後企業が倒産したり，経営不振に陥ってしまい，貸したお金を思うように回収できなくなった。このように，貸したお金を返してもらえなかったり，担保が（売れなくて）換金できなくなった状態の債権を不良債権と呼んだ。当初，政府や銀行，企業は「また土地が値上がりするだろう」と楽観的に考えていた。だが，地価はどんどん下がり，債権の価値が下がってしまい，不良債権は年を追って増大していった。より一層深刻な問題となってしまったのである。

　例えば，銀行がある企業に10億円貸し付けていたとしよう。そのときはその分の担保の土地があった。しかし，今述べたように，時とともに担保の価値が下がり，今，無理矢理回収すると会社がつぶれ，価値の下がった5億円分の担保しか回収できないとしたら，再び値上がりするかもしれないので，もうちょっと待とうということになる。そのうちに担保の価値がより一層下がり，いざ会社が倒産して担保を処分しようとしたときには2億円にしかならなかった場合，銀行は8億円分の損をしたことになる。この8億円こそ，回収できなかった不良債権である。時間が過ぎるにつれて日本全体の不良債権がどんどん大きくなってしまった。

　このほかにも，反社会的な人たちが住み込んでしまい販売できなくなった家屋（債権）も不良債権にあたる。不良債権と一言でいっても内容はさまざまであった。

2　第1期　銀行破綻の容認（1996－1997年）

　日本の金融改革の特徴を知るために，ここでは3期を1つひとつに区切ってより詳しく見てみることにしよう。

　日本の銀行業界で衝撃的だったのは，**図表4－1**の第1期の一番上に記されている「阪和銀行の破綻」であった。その下により大きな金融機関の破綻が連なっているが，なぜ地方銀行の1つである阪和銀行の破綻がそのように重大なのか。大半の人が聞いたこともないであろう名前の銀行である。その理由は，それ以前日本では銀行の倒産がなく，阪和銀行の破綻が日本の銀行の戦後初の倒産であったからである。

　それまで日本の金融業界は，旧大蔵省（現財務省）をリーダーとしてお互いに助け合う護送船団方式であった。護送船団方式というのは，各船とも護送船団の形で守られているので，弱い銀行，危ない銀行も絶対沈没することがなかった。生死を賭けた競争にさらされるということがなかった。たとえ銀行の経営が危うくなっても，最悪他の銀行に吸収合併される形でその銀行は倒産を免れてきた。

　ところが，バブル崩壊後は，どの金融機関も大量の不良債権を抱えてしまい，

たとえ他の金融機関がピンチに陥ってもその銀行を救えるほどの体力がなくなってしまった。まして，当時，銀行の数が経済の実態と比較して多すぎたこともある。国もすべての銀行を救うことができなくなってしまった。

　それ以前，金融機関は，お客さんが一斉に解約するような取り付け騒ぎが起こらない限り，決して潰れるようなことはないように思われていた。だが，国が容認した阪和銀行の破綻以来，その神話が成り立たなくなってしまった。

　銀行といっても，銀行強盗の映画に出てくるものとは違い，いつも手元に十分なお金を置いてあるわけでなく，必要に応じて他の金融機関からお金を借りて当面の資金を調達している。従来どおり，政府が金融機関を倒産させない方針であれば，銀行同士安心してお金を融通し合う（貸し合う）ことができた。しかし，政府が，金融機関が破綻することを容認したとしよう。すると，相手の金融機関が倒産した場合，金融機関同士で貸し合ったお金が戻ってこない可能性が出てくる。阪和銀行破綻の事実は，政府が，「銀行はつぶさない」ことを保証しなくなったことを意味した。そうなると，相手が銀行や金融機関であるといっても，貸したお金が必ずしも戻ってくるかわからなくなり，貸し手の銀行は慎重になる。当時，どこの金融機関も不良債権を隠していて，互いに疑心暗鬼のような状態となっていた。「危ない」というレッテルが貼られた金融機関には他の金融機関がお金を回さなくなり，金融機関が次々に破綻することになった。三洋証券，山一證券，北海道拓殖銀行などは，お金が調達できず，資金不足で破綻していった。これが1996〜1997年の一連の金融機関の破綻の特徴だった。

［ペイオフ解禁］ かつては預けている銀行が破綻しても預金者に預金が全額戻ってきていた。例えば，あなたが5,000万円をA銀行に預金していたら，そのA銀行が破綻したとき5,000万円がまるまる戻ってきた。金融改革後は，破綻した銀行に預けていた預金は戻らないことになった。そこで預金者の預金がそのまま消えてしまうことを防ぐため，ペイオフ制度が設けられた。預けている金融機関が倒産したとき，1,000万円までは保証される内容である。例えば，5,000万円預金してあった銀行がつぶれても預金は1,000万円まで預金者に戻る。逆

に言えば，このことは1,000万円しか戻らないということもできる。預金者は残りの4,000万円を諦めなければならない。この制度は2002年度から本格的に開始された。

経済に不変はない 「銀行は絶対潰れない」と思えるのは，良い時代だったかもしれない。銀行に就職すれば一生食いっぱぐれがないということで，銀行員は人気の職種であった。阪和銀行の倒産で戦後のその神話が崩れた。過去がこうだったからこれからもそうなる，という過去の事例に依存する経済の考え方は通用しないことがわかった。それ以降も，「これまで大丈夫だったから，今後も大丈夫」という考えは経済に通用しない事例が何度かあった。リーマン・ショックしかり，東日本大震災の原子力発電しかり，コロナ禍しかりである。経済に「不変」なこと，「絶対安心」なことはないのである。

3　第2期　銀行の国有化（1998年）

　金融機関の破綻が続いた結果，次はどこどこの銀行が危ないと噂されるようになって，金融界ひいては日本経済は疑心暗鬼の状態に陥ってしまった。淘汰すべきといっても，次から次に金融機関が破綻していったのでは日本経済に混乱を招くので，立て直しが可能な銀行は一時国有化し，負債を処理してから引き取り手を探すという方法を施すことになった。それが1998年（平成10年）に成立した「金融再生法（金融機能再生緊急措置法）」であった。日本長期信用銀行，日本債券信用銀行などにこの法律が適用された。両行とも長期の貸付，預け入れを専門とし，その業務を独占してきた超優良行であったが，規制緩和が進み，普通銀行も長期業務に参入できるようになり，他の銀行との棲み分けが難しくなっていた。そのためバブルの際，本来の企業への貸付業務よりも不動産投機関連筋にお金を回すことに力を入れていた。その事情が災いして，バブル崩壊後，大量の不良債権を抱えることになってしまった。1998年時点では，その不良債権を処理したうえで，自力で回復できるなどとはとうてい望めないような状態にまで陥っていた。市場の評価である株価も100円を大きく割り込

み，市場からの退出を迫られていた。

　この両行は政府の一時国有化によって助命された。日本長期信用銀行は「新生銀行」として外資のリップルウッド社グループに引き取られ，日本債券信用銀行は「あおぞら銀行」としてソフトバンクグループに引き取られた。

4　第3期（1）　貸し渋りと信用収縮（1998年12月以降）

　金融機関の破綻や一時国有化が相次ぎ，日本の金融機関や企業の信用が著しく低下した。信用というのは，収入を得ていない人にお金は貸す気持ちになれないが，しっかりした仕事を持って収入を得ている人にならばお金を貸しても安心だということである。それと同じことで，金融機関や企業の信用が落ちるということは，海外で資金を調達しようとしても，高い金利をふっかけられたり，貸してくれなかったりすることで資金が調達できなくなり，金融機関が資金不足に陥ることを指す。日本経済全体の信用が低下し，日本経済の評価はがた落ちとなり，日本の金融機関は海外でお金を集めることが難しくなってしまった。この日本経済の信用の低下により日本の株価は下落した。

　株価が下がることで大問題なのは，銀行が自己資本比率の基準をクリアできなくなることであった。自己資本比率は，リスクのある資産に対する自己資本の割合で計算される。1988年国際基準として「国際業務を行うためには8％以上」および「国内業務を行うためには4％以上」というルールが決められた。これをBIS（国際決済銀行）基準という。銀行の自分の手持ちの株価が下がったら分子の「自己資本」が減ってしまう。8％，4％をクリアするためには，分母の「総資産」を減らさなければならなくなる。「総資産」の中には貸付が含まれている。そこでこのBIS基準を達成するために各銀行とも，貸付金を減らさなければならなくなった。よって，貸付金を回収するとともに，貸し出しを少なくする現象が発生した。これが当時の「貸し渋り」の大きな理由であった。この「貸し渋り」という現象は経済の血液である金融の機能に障害をもたらした。

　「貸し渋り」によって企業にはお金が回らなくなり，市中のお金の動きが滞ってしまった。これを解決するため，政府が（自己資本比率の）分子を増やす手助けをせざるを得なくなった。「優先株」といわれる株を銀行に発行させて，それを政府が公的資金で購入することになった。この方法によって銀行は資金を手に入れることができ，（自己資本比率の）分子を大きくすることができた。また，公的資金で政府が中小企業の保証人にもなった。こうした政策により，自己資本比率が基準を上回ったこと，中小企業への貸付の際政府の債務保証がついたことで，激しかった「貸し渋り」の問題が次第に解決した。

> **BIS基準**　本文中（41頁）のBIS基準は，1988年7月に国際決済銀行の常設事務局であるバーゼル銀行監督委員会で合意された内容である。その後リーマン・ショックなどがあり，世界的金融危機の発生を防ぐため，2010年に内容が再検討され，2013年，2019年に段階的により厳しい内容に変更された。自己資本の内容が細分化され（「狭義の中核的自己資本」，「中核的自己資本」，「総資本」），それぞれの割合（4.5％，6％，8％）を満たさなければならないうえ，金融危機時における損失の吸収に使用できるよう，その3つの資本に対して（各割合に）2.5％を上乗せすることとなった。「歴史は繰り返される」ではなく，「歴史を繰り返してはならない」ということか。
> 注）「BIS規制（びすきせい）」野村證券ホームページ，証券用語解説集を参考に作成。

5　第3期（2）　銀行の統合・合併

　海外で活動するにも銀行は自己資本比率の基準8％をクリアしなければならなかった。しかし，この基準を形式的に超えただけではだめだった。世界の金融市場はグローバル化し，そこで国際的に通用する業務をできる銀行は，世界全体で最終的に15行程度といわれていた。その中で日本が割り当てられるのはせいぜい3〜4行だった（もちろん会議などで割り当てるのではなく，市場の力で自然にそうなるとみられていた）。

　その3〜4行に入らなければ，これまで日本を代表してきた都市銀行といえ

ども，国際業務ができない，国内の一地方銀行に転落しかねない。また，それ以前の規模（日本では大きいつもりだったが，世界では小さい）のままだと倒産の憂き目にあう可能性がある。よって，銀行はとにかく「大きくてつぶせない」状態をつくろうとした。各銀行とも，先を争うかのように，統合，合併を発表した（**図表4－1**参照）。無節操に取りあえず誰かを探して一緒になろう，大きくなろう，そのように見えた。かくして，統合・合併が決まり，その後いくつかの巨大銀行が登場した。

市場の擬人化と市場のサイボーグ化　企業の株価が下落したり，倒産しそうになると，「市場がその企業の退出を希望している」などのように，当時いかにも市場が生きているような，擬人化表現が好まれて使われた。経済に変化があると，そうなるよう「市場が語っている」と表現すると便利なので頻繁に使われた。それは（経済の動きをうまく分析できていない）逃げの言葉でもあったが，市場を生きものとして捉えた当時の手法は間違いではなかったと思う。現在のように，株式市場に日銀資金が大量に入り，株価の下落を防いでいる国家主体の経済であると結局政府の恣意により経済が動いてしまう（もちろん最後にその矛盾が露呈するであろうが）。言ってみれば現在の株式市場は政府の手による「市場のサイボーグ化」である。

6　ゼロ金利政策

　当時とられた代表的な金融政策に，1999年2月に行われたゼロ金利政策がある。今ではゼロ金利政策どころかマイナス金利政策まで登場しているが，当時は金利がゼロになるのが初めてということで衝撃的だった。経済がデフレスパイラル（需要不足→価格下落→雇用減少→需要不足→（繰り返し））という状況に陥って，日本経済はどうしても過去にない刺激策を必要としていた。金利を下げるにしても，少し下げたくらいでは効果が限られていたからである。

　そのときとられた政策が，「ゼロ金利」と呼ばれる新たな政策であった。日本銀行は，短期コール市場（銀行同士がお金を貸し借りする市場）に大量のお

金を供給し，金利（無担保コール翌日物金利）を実質的にゼロ％にした。つまり，お金が豊富に供給されるようになったため，それを借りるのにお金のレンタル料である金利を支払う必要がなくなってしまった。市場の金利がゼロ％という水準になった。

　ではゼロ金利政策に効果はあったのか。実はこのゼロ金利政策の効果は多少日本の景気をよくした程度だった。このときのゼロ金利には次の2つの問題があった。

　第一の問題は，ゼロ金利政策の経済の中では，文字どおり金利がゼロで，預金者が銀行に貯金しても利息はないに等しい状態になったことである。銀行は対価なしでお金を調達でき（仕入れ），企業に金利を付けて（対価を付けて）貸し出した。この仕組みを通して銀行は大きな利益を手にすることができた。また，銀行からお金を借りる側の企業も低金利でお金を借りることができるようになった。資金を調達したい企業にとって非常に有利な仕組みであった。

　預金する際，消費者は金利がただ同然となってしまってほとんど利息を得ることができないのに，銀行も企業も大いに得をした。つまり消費者の犠牲のうえに銀行，企業は活動できた。一見ゼロ金利政策は日本経済を救うための政策と銘打たれたが，実際は消費者から企業へお金を回した一種の所得移転政策（消費者の所得を企業に回したこと）という意味合いを持っていた。

　このときのゼロ金利政策のもう1つの問題は，金融政策の大元の日本銀行からその力を奪ってしまったことである。本来ならば，日本銀行はマネーサプライを調整して金利をコントロールする，公定歩合を動かして金利をコントロールする，その結果として日本経済に大きな影響力を持つことができた。しかし，もうその水準よりも金利が下がらない「流動性の罠」を通り越して，数字のうえでゼロより下がらない状態にまで至ってしまった。（今日のようにマイナス金利が考えられない）当時の常識では，ゼロ水準の金利をより一層下げられないので，日本銀行は金融市場をコントロールできなくなってしまった。不況下で金利を簡単に上げるわけにはいかないので，日本銀行は金利を上げも下げもできない，つまり武器を持たない丸腰状態になってしまった。

　このときのゼロ金利政策のように，金利を引き下げさえすれば日本経済への効果が直ちに発揮できるという状態ではなかった。一時的には経済が回復するが，一方（企業）の所得が増えても他方（消費者）の所得が減るという競合関係にあるように，限られたパイを食い合うだけの形だったので景気の回復も長続きしなかったのである。

介在の歴史を動かす政策は予期しない政策　このとき日銀はゼロ金利政策という思いもよらぬ政策をとった。かつてスタグフレーション脱出時も福田内閣は赤字国債の大量発行という予期せぬ手を打った。経済が落ち込み回復させるのに通常の手立てが効かないときには，国民が予想もしない，衝撃な政策をとるのが最も有効な手段の１つである。予想範囲内の政策だと，経済への好影響が小さくなってしまう。

政府のだましのテクニック　本文中（44頁）に「預金する際，消費者は金利がただ同然となってしまってほとんど利息を得ることができないのに，銀行も企業も大いに得をした」と記した。消費者が気づかないうちに政府は消費者のお金を他に移転する役割を演じている。近年，国の予算が100兆円を超え，赤字分は日銀からすべて賄っているのであろうと錯覚しやすいが，年金受給年齢の引き上げ，後期高齢者の医療費負担割合の引き上げなど，気づかないうちに消費者のお金が回されている。歴史上何回も繰り返される「政府のだましのテクニック」に国民は気づき，怒ってもよいと思われるがどうだろうか。

7　ゼロ金利政策の解除と再実施

　2000年8月に一度，日本銀行はゼロ金利政策を解除した。つまりゼロ金利政策を中止した。景気が回復する兆しを統計指標が示し始めたことから，金利を0.25％（その後0.15％）に引き上げた。

　この日本銀行のゼロ金利政策の解除に当時の政府は大反対した。ゼロ金利のとき，銀行がお金を調達しやすいので企業への貸し出しがスムーズに行われていたからである。公共事業，減税などの財政政策と，このゼロ金利政策をセッ

トで続けていけば景気が良くなっていくと政府は主張した。せっかく景気が良くなってきたのに，循環しているお金の流れを断ち切ることはないというものだった。

　しかし，ゼロ金利政策には大きな問題が含まれていた。それは，当時のゼロ金利政策は消費者の所得を企業に移しているだけというものであり，景気に明るい兆しが見えてきても，一向に消費を本格回復させなかった。企業の行動と消費者の行動がかみ合っていなかった。経済が右肩上がりのときのように企業や銀行を重視する政策をとっても，このときは上向き景気の趨勢が長続きしなかった。この問題を含むがゆえに日本銀行は政府の反対を押し切ってゼロ金利を解除したと筆者は推察する。

　しかし，2001年3月になってデフレ状態に日本経済が陥ったことから日本銀行は再びゼロ金利を実行することになった。前回の短期市場に資金を供給するという方法（資金の供給が増えれば金利が下がる）ではなく，このときの手法は，長期の国債を買い上げる（買いオペ）などのいくつかの資金の供給の方法をとることにより市場の金利をゼロ％に誘導する方法だった。

　だが，この景気の悪化は，その前の公共事業の波及効果の息切れが原因であり，ゼロ金利解除が原因とはいえなかった。なにしろ引き上げ率は0.25％に過ぎなかったからだ。それまでの好況を振り返ると，高度成長期もバブル期も，所得が伸びると同時に，消費者の資産も増えた。1990年代のアメリカの好景気時も，株価の上昇などで消費者の資産が増えた。このように，資産が増えて初めて本格的な消費が起こり，経済が本格的に回復する。これは資産効果と呼ばれ，「買う力」を強めるにあたっては不可欠なものである。しかし，当時の日本のゼロ金利政策は消費者の預金金利をも低下させてしまったので，消費者の資産を増やすには至らなかった。それゆえ，ゼロ金利政策では，一時的に景気は回復しても，資産効果が働かず本格化はしなかった。

　　日本銀行政策の見えない化　　かつての日銀が金利をコントロールする政策は公定歩合を引き上げたり引き下げたりと，国民にもわかりやすかった。このゼロ金

利政策のように，金融の短期市場や長期市場で買いオペ，売りオペなど多彩な手法で金利をコントロールするようになってからは国民には日銀の手法が非常にわかりにくくなってきた。いまやグローバル金融市場であり，日銀が政府の財政赤字分の国債を支えたり，株式市場を支えたりとより一層複雑化している。「見える化」とは逆に「見えない化」が進んでいる。金融が経済の血液にあたるといっても，経済の骨肉は（財やサービスの生産と取引から成る）実物経済である。実物経済の動きを見られる確かな目を養おう。

消費の資産効果　このときは消費者の資産が増えず消費が増えなかった。だが，2021年には個人金融資産が約2,000兆円にも達したのに消費が振るわなかった。消費理論の資産効果が働かなかった。消費の資産効果とは，資産の大きさWに比例して消費の大きさCが変わるという概念である。

$$C=a+bW$$

　経済理論で考えると，日本政府は資産効果を上手く使いこなせていないという評価になる。

8　バブル崩壊直後のわが国の実物経済環境[4]

　1990年代の金融経済について述べたが，次に1990年代の実物経済の動向も見てみよう。

　1990年以降，わが国の実質GNP（＝1994年にGNPからGDPに切り替わった）は次第に成長を鈍化させた。バブル崩壊時の1991年度（平成3年度）は3.6％の成長率だったが，翌年度の92年度は0.3％と低迷し，93年度には戦後最低のマイナス0.2％とマイナス成長を記録した。この数字は日本経済にとって大きな衝撃となった。翌94年度は辛うじてマイナス成長とはならなかったものの，0.6％と依然として低迷状態から抜け出せないことが浮き彫りになった。日本経済は，回復・拡大基調に入っている欧米先進諸国とはっきりと明暗を分ける形になった。

（1）90年代前半の設備投資

　ここで，経済の中で重要な役割を果たす支出の1つである企業の設備投資のバブル崩壊後の推移を見てみよう。設備投資が活発であれば景気は良くなり，それが低迷していたら景気が悪くなるというほど，設備投資の景気への影響力は大きい。設備投資の動向を見てみると，バブル崩壊前の1990年度（平成2年度）の成長率が2.3％であるのに対して，91年度（平成3年度）には0.8％に激減した。その後92年度にはマイナス1.4％とマイナスの数字を示した。これは企業に設備投資をする力がなくなっていたことを意味する。このことがGNPの93年度のマイナスに大きく寄与した。この93年度の設備投資はより大きく落ち込んでマイナス2.0％，その後の94年度もマイナス1.2％と実に3年連続のマイナス投資を記録した。銀行が企業にお金を回さなくなったのも大きな要因の1つである。

　小幅ながら若干の回復傾向をみせた94年度の設備投資動向の中身を見てみよう。原材料などをつくる素材型製造業がマイナス14.9％の減少であるのに対して，素材から製品をつくり出す加工型製造業が前年度マイナス17.9％からプラス2.2％へ伸びているのが特徴的であった。加工型の電気機械が93年度マイナス7.2％から94年度プラス17.2％へ大幅に改善された。加工業の回復はこの電気機械の大幅増が大きく寄与した。電気機械産業の急速な伸びは，アメリカ・アジア諸国の景気回復による半導体需要の増加，および猛暑による白物家電（エアコンや冷蔵庫など）の需要増によるものと考えられる。継続的な需要に引っ張られたというよりも一時的な需要で伸びたに過ぎないようだ。

　また，94年度の設備投資の回復には，とりわけ中堅・中小企業の前年度の急激な縮小策に対する調整（前年機械設備を整理したので次の年新しい機械設備で補った）や，95年度計画の前倒しといった，実需（実際にその機械設備でつくった者に対する需要）の伴わない内容のものがかなり含まれていた。例えば，製造業中小企業設備投資についてみてみると，93年度は前年度比マイナス24.4％の状態であったが，この前倒しなどにより94年度は減少幅を縮小させて

マイナス6.0％まで盛り返した。だが今述べたように実需に連動しない設備投資の実態があったがために，翌95年度の計画では再び二桁マイナスのマイナス18.4％に戻ってしまった。中堅・中小企業はいずれも94年度の回復傾向が一過性のもので，95年度計画において設備投資は大きなマイナスとなっていた。このことはこれら大企業群にも当てはまった[5]。

設備投資の落ち込み　やはり設備投資が落ち込むことは日本経済にとってマイナス要因となる。「設備投資増→国民支出増→GNP（国民総生産）増→国民所得増→消費増→国民支出増→GNP（国民総生産）増→国民所得増→消費増→…」の循環が働かなくなってしまうからである。設備投資が減少し，マイナスの値を示せば，この循環の「増」がすべて「減」に置き換わってしまう。経済における設備投資の重要さがわかる。

（2）稼働率

　設備投資は新しい製品をつくり出すために新しい製造機械を入れるときに行われたり，設備としての機械が老朽化した場合に新しい機械に買い替えるときに行われるが，もう1つの重要な理由として稼働率が100％になって設備が足りなくなったときに設備の追加として行われることがある。

　1990年（平成2年）を100として製造工業の稼働率指数の対前期比（％）を見てみよう。90年度の1.4％増（89年度→90年度）から，バブル崩壊の翌91年度はいきなりマイナス4.0％へと減少した（90年度→91年度）。稼働率のマイナスは，機械の使用率が落ち込んだことを意味する。さらにマイナス幅は増大して，翌92年度にはマイナス8.2％（91年度→92年度），93年度にはマイナス5.8％（92年度→93年度）という事実が見られ，稼働率に明らかに減少傾向がみられた。年々稼働率が下がったというわけである。

　第一の稼働率低下の理由は，バブル崩壊に伴い長期不況に陥ったこと，および円高が急速に進行したことで内外市場が縮小傾向をたどったことである。そのため，国内および国外双方のマーケットでアジア諸国などとの競合が激化し，

限られたパイを食い合う状態になった。また，一般機械・自動車部品等の部門
では，生産拠点が労働賃金の安い海外にシフトした。いわゆる日本経済の「産
業空洞化現象」が進行しつつあったといえよう。

　第二の稼働率低下の理由は，1991年（平成3年）秋以降，販売高の減少が進
む中で，固定費（労働賃金，地代家賃，減価償却費，光熱費など）の比率が上
昇し，企業の業績は圧迫され，企業はリストラを積極的に推し進めざるを得な
くなった。その一環として，ストック調整，すなわち設備投資の抑制を一様に
継続させた。この中，電化製品需要増を反映した国内消費の増加により，94年
度にわずかに鉱工業生産指数は92.0へ回復し，稼働率も1993年度のマイナス率
6.2%からマイナス率0.1%へと若干の持ち直しを見せた。ただ，これは一時的
現象に過ぎなかった。

稼働率が100％を超える！　稼働率が100を超えるケースもある。稼働率は，存在
　　する設備，決められた操業時間に基づいて計算される。もし発注が多く，労働
　　者に残業してもらったり，24時間稼働で夜の当番の労働者を臨時に雇えば，稼
　　働率は100を超えることになる。

図表4-2　民間設備投資　対前年間比

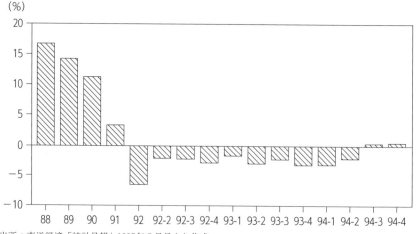

出所：東洋経済「統計月報」1995年7月号より作成。

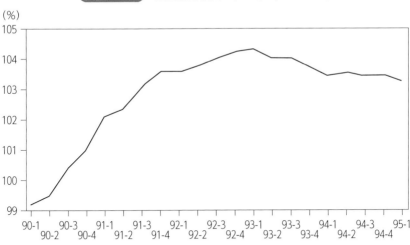

図表 4 － 3　生産能力指数・製造業（1990＝100）

出所：通産省調査統計部「生産，出荷，在庫指数速報」より作成。

（3）輸　出

　さて，1990年代の輸出についてみてみよう。1990年度（平成2年度）以降の通関円建ての輸出額の対前年同期比（前年の同じ時期と比較すること）を見ると[6]，90年度（平成2年度）9.6％増であったものが，バブル崩壊の91年度（平成3年度）以降大幅な減少傾向に転じた。輸出額増加は，1991年度2.2％，1992年度1.5％というようにプラスでありながらも低水準となった。次の1993年度には輸出額は減少してしまい，マイナス6.5％と落ち込んでしまった。貿易数量指数の前年同期比をみると，輸出はやはり1990年度5.3％から急激な低下傾向を示して，1991年度2.5％，1992年度1.5％，そして1993年度にはマイナス1.6％というように，輸出額と同じ動きをした。ただ，金額と数量の動きを比較してみると，円建てで貿易額のほうが数量以上の減少となった。1993年度（平成5年度）までの縮小傾向は，継続する円高（1990年度144.88円→1993年度111.06円）により日本製品の国際競争力の低下が急速に現れたことを示している。この円高が数量よりも金額を押し下げた原因となっている。

　翌1994年度（平成6年度）には通関円建ての輸出額の対前年同期比は再びプラスで0.7％の伸びを示し，設備投資と同様この年度に持ち直した。このように1994年度の輸出が微弱ながら増加傾向を示し，どこまで落ちていくかわからなかったそれまでの縮小傾向からは一応脱する形となった。とはいうものの，それ以前のように輸出が経済の循環（「輸出増→国民支出増→GNP（国民総生産）増→国民所得増→消費増→国民支出増→GNP（国民総生産）増→国民所得増→消費増→…」）を通して日本の景気回復の足がかりになる勢いは無かった。特定分野を除き，微々たる輸出増は日本企業の収益改善には貢献せず，回復の原動力にはなりえていなかった。

　この輸出動向をさらに品目別に追ってみよう。輸出品目構成（％）を見てみると，1990年度（平成2年度）以降，明らかに上昇傾向を示しているものの数が少なく，停滞傾向にあるもののほうが多かった。

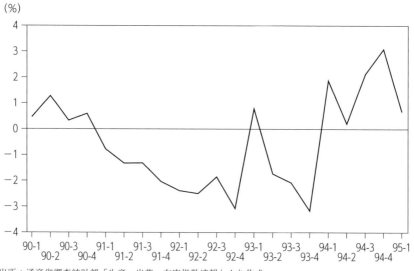

図表4－4　製造工業・設備稼働率指数／対前年比

出所：通産省調査統計部「生産，出荷，在庫指数速報」より作成。

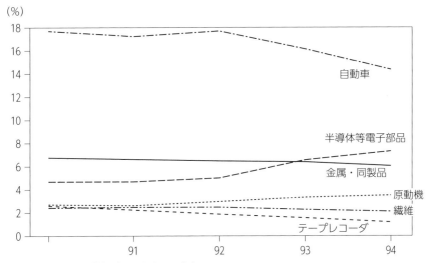

図表4－5　商品別輸出構成

出所：大蔵省関税局「外国貿易概況」より作成。

　図表4－5を見られたい。自動車や金属・同製品の輸出構成比が減少してしまっている。他方，輸出構成比が増加している部門がある。原動機部門と半導体等電子部品部門である。機械機器のうち，原動機部門の輸出は1990年度（平成2年度）の2.7％（全体輸出に占める原動機部門輸出の割合）から1991年度（平成3年度）2.6％に一時低下したものの，1992年度（平成4年度）2.9％に回復して，1993年度（平成5年度）3.3％，1994年度（平成6年度）3.5％と伸びた。電気機械の中の半導体等電子部品部門は，1990年度の4.7％から1992年度5.1％，1993年度6.8％，1994年度7.4％と輸出構成比を増大させた。現在台湾や韓国に後れを取ってしまった半導体ではあるが，当時は日本の半導体が世界で重宝されていた時期でもあった。この両者の輸出構成比は増加した。

　しかし，その他のほとんどの部門では1990年（平成2年）以降の輸出は停滞あるいは減少傾向であった。日本の1990年代における輸出不振は，一部の半導体・原動機部門を除く機械機器部門の不振に最も大きな原因があったことが読み取れる。このことは，それがわが国の輸出構成の中で，これまで主要部門と

して成長の原動力になってきた項目が十分回復する力を持っていなかったことを示している。輸出相手国であるアメリカやアジア諸国の景気が回復している局面でさえも，従来の日本の輸出の中核部門が不振を続けていたことが日本経済の落ち込みをより一層深刻化させた。円高の恐ろしさであった。

　輸出先のシェアの推移をみると，日本からの対先進国地域の減少分を東南アジアが引き受けていることがわかる。アメリカに対する輸出シェアは，1993年度（平成5年度）・1994年度（平成6年度）と一応の増加傾向を示したが，それは極めて微弱であり，1980年代の面影がなくなってしまった。また，EU諸国に対する輸出も，相手国に景気回復基調がある中で著しく低下した。その理由は，第一はやはり高水準で推移した円相場が要因となったこと，第二はわが国が今後，対欧米先進諸国の輸出急拡大によって自国の景気回復・拡大への転換がもはやありえなくなった世界経済構造が出来上がったことであろう。その中で，対東南アジア向け輸出のシェアが，1990年以降，とりわけ機械機器の比重を増大させつつ，対欧米輸出の減少分を補完してくれた。いわば，1990年代以降の日本の輸出について，先進諸国への貿易不振をアジア諸国が助けてくれたといってよかろう。

円　高　1990年から1990年代半ばにかけての輸出の落ち込みは円高が大きく影響した。1990年には1ドル144円であったが，1995年には94円にまで円高になっている。円高を改善することができなかったことが景気の落ち込みに拍車をかけた。アベノミクス時は，安倍晋三首相がオバマ大統領，トランプ大統領と親交を深めたことに加えて，異次元緩和策で円安相場を保った。政治外交やこれまでになかった政策の実施が経済を向上させるのに役立つことがわかる。

年	1990	1991	1992	1993	1994	1995
USドル	144.7925	134.7067	126.6513	111.1978	102.2078	94.0596

出所：「世界のネタ帳」

（4）対外直接投資

　次にわが国の対外直接投資（海外に直接生産工場をつくったり海外の会社を買収したりすること）の動向を見てみると，1990年（平成２年）以降，1993年（平成５年）に至るまで大きく伸び悩んだ。その中で，対先進国向け投資が減少し，対アジア，とりわけ対ASEAN投資が増大した。つまり対外直接投資先が先進国からASEANにシフトした。

　国際収支表（日本銀行『国際収支統計月報』）による対外直接投資の推移を見ると，90年度（平成２年度）1,206億ドル，91年度（平成３年度）1,219億ドルの水準から，92年度（平成４年度）には約半分以下の577億ドルに激減し，93年度（平成５年度）もわずかに上昇しただけで，736億ドルにとどまった。翌，94年（平成６年）に入って1,100億ドルと回復基調に転じたが，90年・91年のレベルには戻っておらず，巨額の対外黒字が続く中で対外直接投資は順調とはいいがたい状態にあった。ドルをはじめ，国際通貨の不安定性，金利上昇によ

図表４−６　わが国の直接投資状況　1

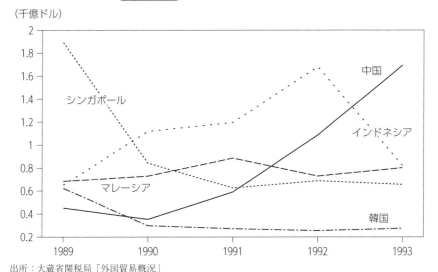

出所：大蔵省関税局「外国貿易概況」

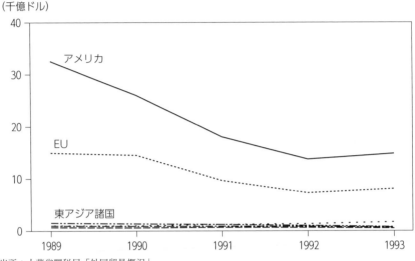

図表4－7 わが国の直接投資状況 2

(千億ドル)

出所：大蔵省関税局「外国貿易概況」

る証券相場の動揺等から，バブル以来の評価損を抱えたわが国の機関投資家が積極的な投資意欲を示さなかったことに最大の理由があった。地域別に示せば，対アジア投資は1991年度（平成3年度）には全体の14％程度を占めていたに過ぎなかったが，1992年度以降19％にまで上昇し，反面対アメリカへの直接投資は，約2％も減少した。

　円高にもかかわらず，音響機器・半導体等を含む電気・電子部品，自動車，鉄鋼部門での中国・ASEAN諸国への生産シフトが急拡大していった反面，対欧米投資は，自動車等の基幹産業分野ではもはや投資の増大する余地は乏しく，既存産業・企業の再編や雑貨・食料品分野での提携・投資等，既存投資の再調整に伴う動きしか見られなかった。

設備投資と輸出　設備投資と輸出は，経済の循環「設備投資増または輸出増→国民支出増→GNP（国民総生産）増→国民所得増→消費増→国民支出増→GNP（国民総生産）増→国民所得増→消費増→…」を動かす2本柱の原動力（もう

　1本は公共事業）であることは本文で述べた。バブル崩壊後はこの両者が弱っていたことが本文の統計数字からわかる。景気を回復させるためには，設備投資と輸出が本格的に活躍することが必要であることを覚えておこう。

9　1990年代後半の実物経済[7]

（1）90年代後半の特徴

　バブル崩壊以降の日本経済の低迷は非常に長びくこととなった。失われた10年ともいわれた。1993年（平成5年）10月に「谷」から穏やかな回復に入ったとはいえ，本格的な回復にはほど遠い状況であった。ここでは90年代後半の主だった特徴をあげてみよう。

　第一は，産業の空洞化である。今述べたばかりの1990年代前半と違い，広範囲に海外直接投資が進んだ。長引いた不況のもと，高賃金で高コストな日本国内で生産を行うより，円高メリットを活かして海外で現地生産を行ったほうが，企業にとって低価格で付加価値の高い製品をつくり上げることができた。輸出品目の中核であり，国内産業の相互依存度が大きい機械機器部門輸出がその構成比を低下させていった。この事実が機械機器部門の生産拠点の海外移転と同時に進行したことを示している。海外生産した製品を日本に逆輸入することにより日本国内で低価格の生産物を販売することができる。これは，いわゆる日本の「産業の空洞化」を生み出した。この海外への直接投資は国内の雇用に悪影響を与えたことはいうまでもない。この産業の空洞化がバブル崩壊後の不況を長びかせた1つの大きな要因であった。

　第二に資産デフレという状況があげられる。バブル期，投機の対象として高騰した不動産の価格がバブル崩壊により大きく下落した。その価値の下がった資産の売却や有効利用が上手くいかず，その結果，資産保有者はそれを所有し続けなければならなかった。これが資産デフレの実態であり，金融機関の不良債権問題はこの問題の1つである。バブル期に貸付を行った金融機関は，企業

から担保をとっているものの，企業の経営が悪化し，貸付がこげつき，担保の処理を行わなければならなくなった。だが，資産デフレ状況でそれが上手くいかなかった。大量の不良債権を抱えた金融機関の身動きがとれなくなり，たとえ企業からの資金需要があっても金融機関は貸し渋るという事態に発展した。この資産デフレが不況を長びかせたもう1つの要因であった。

この2つの要因に加えて，他の数々の要因が1995年以降も日本経済の不況を長びかせた。企業のリストラ，消費の不振，財政赤字……，というように負の要素を取り上げたらきりがないほどであった。しかしながら，この景気の低迷期は「明」と「暗」を併せ持った。産業の空洞化，需要の不振等の理由によりモノやサービスの価格が下落した。このことをデフレと呼ぶ。この価格下落は庶民の生活を楽にした「明」と見なすことができよう。価格下落のもと，物価は安定し，インフレーションの危険は少なかった。消費者は安く，かつ品質の良い品物を自己で選択して手に入れることができるようになった。

それはモノ，サービスに限らず，不動産にも及ぶ。資産デフレとはいうものの，資産をもたない人々が不動産を購入しやすくなったのは確かである。バブル期には，投機のために跳ね上がった住宅・マンション価格も，バブル後は低下をし続け，庶民の購入可能とされる年収の5倍以内の水準にまで下落した。一般庶民へ住宅の安定供給が確保され，そのうえ彼らが低価格で住宅が購入できるようになったことは数少ない「明」の部分であった。

逆貨幣錯覚　デフレスパイラルとは，「財・サービスの低価格化→労働賃金の低迷→消費不振→財・サービスの低価格化→…」の繰り返しを指す。経済学では深刻な事態と見なされる。だが，1989年（平成元年）に消費税（3％）が導入され物価高に悩んでいた庶民にとっては，モノやサービス，そして自分が住む不動産も安く買えるオアシス状態となった。近年もデフレスパイラルで日本経済は悩んだが，「物価安」という点では低賃金の庶民も十分な買い物ができるようになる。筆者はこの状態を逆貨幣錯覚と呼んでいる。

（2）経済構造変革の諸問題

1）95年以降の諸問題

　1995年（平成7年）から1996年にかけてようやく遊休施設等の処理が終わり，余剰資本ストックの整理が終わりに近づいた。だが，経済の先行きについては予断が許されなかった。その主要な理由をいくつかあげておく。

　第一は，バブル期に発生した不良債権の処理に時間がかかったことである。不良債権は一朝一夕には解決しない。経済が好調となり，社会が不動産を必要とするようになり，不良債権が上手く処理できるような状況が訪れなければ，それらはなかなか解消されない。しかし，経済が好調になるためには不良債権が処理されねばならない。鶏が先か卵が先かの話となる。この議論に埋没していても仕方ないので，1996年（平成8年）に住宅金融専門会社の不良債権の処理に税金を投入することが決まった。だが，これが財政赤字を拡大する心配を招いた。結局，財政赤字が経済を低迷させる可能性をもたらすので，悪循環の懸念が払拭できなかった。

　第二は，実質金利が名目金利より高かったことである。日本銀行は1995年（平成7年）9月に史上最低の公定歩合0.5％を実行したが，1996年経済は本格的には回復に向かわなかった。それは，0.5％という名目金利に対して市場の実質金利が高いからである。もし皆さんが100万円もっていて名目3％の金利で預金したとしよう。1年後には103万円手にするわけだから，3万円利息が得られる。ところが，物価が2％上昇しているとすれば，2万円分はモノの値段が上がっているので実質的には1万円しか増えていないことになる。それが実質金利であり，「実質金利＝名目金利－物価上昇率」という式で計算される。ところが，バブル後は物価上昇がマイナス傾向だったこともあり，実質金利が名目金利を上回ってしまった。その結果，低金利政策にもかかわらず，実質金利が高く，設備投資が本格化しないという現象が生じてしまった。

　第三は，経済構造の変革に時間がかかるということである。2000年代初期に中心となっていた産業は当時まだ幼稚産業の段階であった。その産業が上手く

育たなければ将来の経済の見通しは暗いともいえる。だからこそ，そうした生まれたての産業が育つような経済環境でなければならない。既存の産業の保護を重視したり，衰退すべき産業に予算を重点配分したりしていると，経済の成長は実現しない。そのためには規制緩和による経済構造の再編が不可欠となる。社会には保守性があり，一気に経済構造の変革を行うことはできない。しかしながら，徐々にでも規制を緩和し，将来の産業構造の形成の準備を整えていかなければならないことは国民の多くが認識していた。

第四は，財政赤字により国民の負担が大きくなることである。1997（平成9）年度見通しでは国民所得に占める税金や社会保障費の割合が39％となり，将来は高齢化社会と重なってこれが50％近くになる可能性があると試算された。にもかかわらず，バブル崩壊後の低迷を抜け出すための大量の国債発行もあり，財政赤字が発生してしまっていた。「経済低迷による財政赤字＋高齢化社会」という，2つの大きな負担が合わさった状況のため，国民の負担が大きくなり，市場経済へ還流する貨幣の規模が小さくなってしまっていた（心理的不安があると消費者の手元に，そして先行きが見通せないと設備投資をせず企業の手元にお金が滞留してしまう）。

以上，平成の経済の低迷が長期化したいくつかの要因をあげた。もちろんこのほかにも多くの要因があげられるが，それらの解決を含めて日本経済は上手く運営されたとは言い難い状況であった。

グローバル企業の誕生　いまやソフトバンクやユニクロが活躍している。だが，大学生の就活人気ランキングでは上位ではない。ソフトバンクは投資企業色が強く，ユニクロはオーストラリアなどから人権軽視を主張されている。現在の人気上位は昭和からの企業が大半である。2000年代の幼稚企業でグローバル化し，GAFAに負けずに，あるいは台湾や韓国の半導体企業に対抗しうる新たなグローバル企業は日本では育たなかった。日本の規制緩和の不足と強い「保守」体質が新たなグローバル企業を生み出さなかった。海外ではタクシーに代わってウーバーが主流化しつつあるが，日本ではウーバーは飲食の配達業に過ぎない。規制緩和がいかに重要かわかる。

2）具体的な実物経済の統計的数値

　1997年（平成9年）に入り，過剰なストックの調整が進展するとともに，集積回路や電子機器等の情報関連機器を中心に稼働率がやや高まる傾向を示した。GDPベースの実質設備投資は，1991年度（平成3年度）より1994年度まで著しい減少を示したが，1995年度（平成7年度）第1四半期から上向きに（＝増加に）転じた。その後1997年度（平成9年度）にようやく設備増強局面を迎えた。この長期間に及んだ資本設備のストック調整が90年代後半の景気動向を特徴づけている。設備機械（資本ストック）に関して「いらないものはいらない」「新たにいるものはいる」という企業の姿勢が貫かれた。企業収益の改善がある程度進展した結果，および企業の新たな投資マインドを刺激した結果である。キャッシュフローの改善を通じて，資金面から設備投資にプラスの影響を与えたと考えられる。さらに1997年度（平成9年度）に入って，名目金利が一層低下傾向を示すと同時に，物価下落が一巡したことが実質金利の低下につながって，設備投資がしやすくなった。資金調達面からも設備投資が後押しされていったのである。

　具体的に設備投資の内容をみると，半導体・パソコン・ワークステーションなどの性能向上化設備や，ネットワークシステムの能力強化などの情報関連化設備への投資が大きく伸びた。事務用機器・通信機器・電子計算機等情報化投資品目は，1996年度（平成8年度）前年比27.5％増（出荷全体比率34.0％）となった。前年比2.6％増となった鉱業生産増加のうち，情報化投資品目の生産額は62.6％を占めていた。情報関連の設備投資が大幅に増加したことがわかる。

　われわれ一般人が建てる住宅は住宅投資と見なされる。自分で住まない場合，家賃を稼ぐことができるからである。その住宅着工件数は，1994年（平成6年）のローン金利の上昇から，1995年はやや下火となったが，1995年からやや増勢を強めて，1996年10月に182万戸（年）と第一次石油危機以来の高水準を記録した。これは1996年9月までに契約すれば1997年4月以降の引き渡しになっても引き上げ前の消費税率が適用されるという特典があったからである。駆け込み需要の典型であった。

3）消費税率の引き上げ

　1997年度（平成9年度）に消費税率が3％から5％へ引き上げられた。その際，住宅だけでなく多くの商品やサービスに関して消費税引き上げ前の駆け込み需要が大きかった。消費税率引き上げ前の駆け込み需要は，とりわけ家計消費に現れた。1996年度（平成10年度）のGDPベースでの実質家計消費は，年度平均で前年比2.8％増と，1995年度に引き続いて1992年度（平成4年度）以来最も高い伸びを示した。耐久消費財・旅行等の伸びが大きく，これが自動車を中心に駆け込み需要につながっていく形となった。乗用車や家電製品・百貨店販売が大幅に伸び，家計調査の全世帯消費支出も1995年度に比べて1996年度は5.8％増となった。消費の伸びが景気の下支えとなった背景には，わずかではあるがこの時期の雇用改善があったのである。

　駆け込み消費　　当時の消費税率引き上げ時には，引き上げ直前，「今買ったほうが得」というテレビ番組や雑誌の特集があった。経済評論家が出てきて，「買うのは今」という形で消費者を刺激し駆け込み需要が高まった。そのあおりを受けて，消費税率引き上げ後は消費が落ち込んだ。その反省からか，2019年（令和元年）の消費税率引き上げ（8％→10％）の際には，テレビや新聞でも，駆け込み需要をあおる番組がほとんどなくなった。メディアの反省からなのか，政府が裏で手を回したのかは不明であるが，メディアが駆け込み消費をあおることは危険である。

4）1997年（平成9年）以降の推移

　まず，この時期の第一の特徴は，雇用である。正規労働から非正規労働へ雇用形態が移っていった。1997年（平成9年）時点では完全失業率は第1四半期3％に高止まったままで，有効求人倍率が同期0.74倍と厳しい雇用情勢を示していた。雇用人員判断DI（＝自分の会社の雇用者が「過剰」と回答した社数構成比）－自分の会社の雇用者が「不足」と回答した社数構成比）は，大企業と中小企業の規模計の数値で二桁の「過剰」超が続いていた。しかし，1995年（平成7年）以降回復し始めた生産に対して，常用雇用の増大に慎重であった

企業は，労働時間の延長で対応すると同時に，パートタイム労働の新規求人を増加させていった。製造業の所定外労働時間は，1993年第4四半期の10.3時間から1997年第1四半期の14.3時間へ，年率10.7％の伸びを示し，パートタイム常用雇用者の新規求人数は1995年から年率で20％以上の増加を示すに至った。企業は，需要の減退に対応して，所定外労働時間や稼働率を調整し，さらに雇用者数の調整を行った。1998年（平成10年）後半から，一般労働者の減少分がパートタイム労働者の増加分を上回り，全体として常用雇用者の減少傾向が表れ始めた。まさに企業が非正規雇用でカバーしようとしている様子がうかがえる。非正規雇用者の場合，賃金が少なくて済む，いつでも解雇できるという利点を感じてのことであろう。この時代を就職氷河期（正規に雇ってくれる先が少ない）と呼んだ。

　この時代の第二の特徴は，設備投資に関してである。1997年（平成9年）後半より，まず消費および住宅投資が低迷し，家計支出の減少が先行する形で景気の減速が始まり，その内需の減少の流れで設備投資が減少した。さらにアジア通貨危機の影響から輸出が減少し，この外需の減少も設備投資の減退を加速させる要因となった。1998年（平成10年）に入ってからは設備投資の減退が景気後退を加速させていった。

　1998年後半からストック調整過程（機械設備の過剰を減らすこと）が再開して，設備投資は減退した。資本ストック（機械設備など）の前年比伸び率が2.5％を切った1999年第2四半期にはストック調整が終了してもおかしくない状況にあった。にもかかわらず，その後の設備投資は回復することはなかった。企業の期待成長率（予想した成長率）の低下が大きな足かせとなったからである。

　1999年（平成11年）から2000年（平成12年）にかけて，企業は収益を大幅に改善させた。財務省の『法人企業統計季報』によれば，非製造業のうち大企業は，1999年第1四半期以降，2000年第4四半期まで8四半期連続して企業収益を大幅に拡大させ，前年同期比8.4～34.5％増とした。その理由は，1999年度第2四半期から2000年第4四半期までの生産増加は，アメリカの好調を背景とした輸出の増加と，IT品目の生産増加による牽引であった。このときの景気の

回復は，過去の回復局面と比べ，業種や品目の広がりが乏しく，外需動向と
ITブームの推移に影響を大きく受け，短命に終わった。2000年末以降にアメ
リカ経済の減速とIT需要の冷え込みが起きたためである。アメリカの「ITバ
ブル」の崩壊によって設備投資は伸びを鈍化させていくことになった。

バブル崩壊後も戦後四番目の景気拡張期があったはずなのに…？　「バブル崩壊後
の景気低迷期の中で，1993年から1997年にかけて長期にわたる景気拡張期が
あった」との言葉は，ちょっと矛盾して聞こえる。失われた10年の真っ最中で
ある。このように長い景気回復があったならば日本の経済は良くなっているは
ずだった。その他にも，2002年2月〜2008年2月の「いざなみ景気」では73ヵ
月（戦後最長）の景気回復，2010年代のアベノミクスでも2018年10月までの
71ヵ月の景気回復が記録されている。だが，長期で見ると，この30年で日本の
経済は十分には回復していない。（景気の動向を図る景気動向指数の）各経済
指標が上向きを続けたとしても，実際の上向いた大きさ小さかった。政府のい
う「景気回復」という言葉は各統計が上向きか下向きかのどちらが多いかを調
べる指標であるため，大きさは反映されていない。「景気回復」という言葉が
使われたときには特に注意する必要があろう。

IT景気なのに日本は世界的企業が育たなかった！　1990年代後半といえば，情報機
器が本格的に進化し，新しい産業が生まれてきた時期である。アメリカではこ
のときに新しい企業が飛躍し，アメリカの経済力を強固にしていった。それに
対して，当時，日本の企業は非正規雇用で業務を賄うことに専念していた。そ
のため経済界で真のIT人材が育たなかった。それでは，日本の企業の成長力が
伸び悩み，GAFAのような存在が日本に登場しないことがわかる。企業のため
に，そして日本のために本気で人生を賭けてくれる人材を正規に雇いそこなっ
ていた。目の前の業績を見て非正規社員を増やすのではなく，長期を見て正規
社員を増やす戦略が必要だったであろう。

第5章　小泉改革

1　小泉内閣の登場

　小泉純一郎内閣は森喜朗内閣に代わって2001年4月に誕生した。21世紀になって初めて誕生した内閣でもある。「自民党をぶっ壊す」をスローガンにそれまでのしがらみ政治から脱却することを訴えた。この訴えは国民に受け，当初世論調査の内閣支持率は80％以上と驚異的な数字を誇った。国民の期待が大きい中での船出だった。

　バブル崩壊後の日本経済低迷の中，そしてアメリカのITバブル崩壊の中，日本経済立て直しのため大胆な経済改革を実行しようとした。しかし，その船出は厳しかった。例えば，自民党の政策担当の責任者である政調会長は，小泉首相が「国債の発行を30兆円以下に抑える」といっている傍らでそうすることに対して慎重な姿勢を示していた。旧来型の自民党政権だと，改革しようとしても考え方が一新されにくい。小泉政権が打ち出した政策にしても，国会の半分の賛成を得るためには妥協に次ぐ妥協が強いられたわけで，改革案も骨抜きになりかねなかった。

　「道路特定財源の見直し，地方交付税の配分見直し，特殊法人改革，郵政三事業の民営化の検討」など小泉内閣が打ち出した案は改革的なものだった。これらを実行して経済の構造を変えなければいけないのに，90年代にそれを怠ってきた。そこで，小泉首相はその改革の必要性を訴えた。

　これらの改革が実効を上げるとしたら，アメリカに依存する日本経済はアメ

リカが好調な方がよいことになる。1990年代ならば，アメリカの経済がIT革命によって好調で，日本が構造改革で多少浮き沈みしてもアメリカ経済によって支えられることができた。しかし，2000年前後にITバブルが崩壊してアメリカ経済も落ち込んでしまった。日本が構造改革をして経済が落ち込んだとしても，2000年代前半にはアメリカの下支えが得られなくなっていた。その中で，経済を改革しようというのだから相当な苦難が伴った。

日本のグローバル企業とは？　アメリカではGAFA（Google, Apple, Facebook, Amazon）のようなグローバル企業が多く誕生してきている。日本企業を見ると，ソフトバンクといっても投資企業，ファーストリテイリングといっても人権を疑われ払拭できていない会社という位置づけに過ぎない。結局，世界を席巻できる日本企業は，トヨタなどの昭和からの企業ばかりである。旧来の自民党の政策だと，新しい企業が生まれず旧来の明治大正昭和の企業ばかり有利になってしまう。だからこそ，つまり時代の流れに見合った新しい企業，そして新しい産業構造を生み出そうというのが小泉内閣の基本的コンセプトであった。

2　コンセプト

　ここでいう小泉改革とは，2001年から2006年まで行われた小泉純一郎内閣のもとでの一連の改革である。小泉改革のコンセプトは「市場主義」であり，市場の競争原理に基づいた経済構造づくりを目指した。これは「供給が需要をつくり出す」という考え方であり，「小さな政府」のサプライサイド経済学の考え方であった。

　企業が競争し合えば良質の製品やサービスが生み出され，安価で提供される。そのことは消費者の買いたい気持ちを引き起こし，製品やサービスは必ず売れ，雇用が守られ労働者の所得も安定する。その結果，その労働者がまた別の消費をするわけであるから，経済が循環し，経済が成長する。そのために最も重要なのが，企業の競争を引き起こせる環境の整備であるという考え方であった。

そのため，政府の役割は最小にして，経済を市場の持つ本来の力に委ねようとしたのである。

　日本の市場は，政府のルールでガチガチに固められていた。規制と呼ばれるものである。何をするにも，政府の許可が必要だったのである。例えば，地域のタクシー台数を増やしたり，料金を決めるのも政府であった。こうした規制を緩和して企業間の競争状態をつくり出そうとしたのが小泉内閣の政策の基本方針であった。

3　「中央」から「地方」へ[8]

　小泉政権以前は，地方政府の役割までを中央政府が担っているケースが多かった。中央政府が税金としてお金を集めて，それを公共事業や補助金として地方に配分するという構図であった。中央政府が力を持っていたことを意味する。中央政府がお金を持ってきてくれるため，地方は中央の顔色をうかがい，住民のほうを向いていないという状態であった。つまり，政府からお金をとってくることに終始し，住民の本当のニーズに応えきれていなかったのである。この状況を改善するために「地方にできることは地方に」という方針で行われたのが「三位一体の改革」であった。小泉内閣は，国から地方への補助金の削減，国から地方への税源移譲を行い，地方分権を確立することを目指した。それ以前，地方政府は中央政府にコントロールされる状態だったが，この改革によって地方政府が独自に決定し実行する範囲が広がり，地域の住民の特性に合ったサービスが行われるようになった。

　小泉内閣発足前に決められた合併特別債も，地方自治体の合併を促し，小泉改革を後押しした。合併特別債とは，市町村の合併時に発行して得た資金が，合併した年に加えて10年間活用でき，その7割を国が返済してくれるものであった。小泉政権時の2003年から2006年にかけて，全国で市町村の合併が進んだ。1999年3月に3,232あった市町村の数が，2008年4月には1,788となった。これによって，組織の行政改革，首長の数の削減，地方議員の定数削減，地方

公務員数の削減など市町村の歳出の効率化が図られた。総務省によれば，地方議員数について，1999年に約6万人だったが2018年には約3万人と大幅に減少した。2001年には317.2万人だった地方公務員数が2007年に295.1万人になり，大きな成果であった。

地方の独自性　地域に独自性を持たせるという小泉改革の狙いは今開花している。例えば，北海道十勝郡浦幌町では中学生が授業で提案した内容を大人たちが実現させるという「うらほろスタイル」政策，鳥取県北栄町ではマンガによる地域活性化政策，福岡県みやま市では生ごみだけでなく屎尿までも肥料化する政策，熊本県長洲町では1時間に2,000枚しか乾燥できなかった海苔が乾燥を企業との連携により1時間に1万枚以上に改善したイノベーション導入政策など各地域に見合った政策が実施されている（ここでは筆者らが調査した自治体を例に挙げたが，すべての自治体が独自政策を行っているといえよう）。地方に独自権限を持たせることで，少なからず日本が変わったといえる。

4　不良債権処理　金融再生プログラム[9]

　1990年代のバブル後，不良債権の量すら把握できない中，多くの金融機関が破綻していった。銀行の別動隊の住宅金融会社が，住宅ローンを貸しすぎて多くの不良債権を背負ったとき，破綻の連鎖を防ぐため公的資金で処理するか否かの議論がなされた。公的資金で住宅金融会社を助けるにも侃々諤々（かんかんがくがく）の議論がなされ，結局公的資金で処理したものの，公的資金で金融機関の無節操なバブル時融資の尻ぬぐいをするということに対しては批判が多かった。しかし，小泉内閣は，銀行が抱える不良債権処理のため強引に公的資金を銀行に注入する方法をとった。民間に任せているといつまでたっても不良債権は減らず，日本経済は低迷したままだったからである。

　銀行が不良債権を抱えている限り，企業への新規融資がスムーズにいくということはない。不良債権を抱えている銀行はそれ以上不良債権を抱えたくなかったので貸し渋りを行っていた。つまり，お金の循環が生まれない経済の構

図になってしまっていたのである。政府が強硬手段に出たのも，こうした状況が続き一向にらちが明かなかったからである。それを具体化させたのが2002年の「金融再生プログラム」だった。これは，2年半の間に主要銀行の不良債権比率の半減を目指すというものであった。

　このプログラムに沿って小泉内閣の竹中平蔵金融担当大臣は，金融機関に公的資金の注入を行った。銀行に政府向け優先株を発行させ，それを政府が買い取った。こうして銀行に資金が注入されれば，銀行の自己資本が充実する。つまり，貸し出せるお金が増える。ただし，経営が軌道に乗らなかった場合，優先株を普通株に変換して国が株主として議決権が行使できるという条件が付いていた。国の配下に陥るのを免れようと銀行は必死で不良債権の処理を行った。公的資金の注入の荒療治の結果，3年後には各銀行の自己資本が充実し，不良債権も処理され，不良債権問題に一区切りがついた（ということになっている）。ただし，すべての銀行がそれに成功したわけではなく，2003年にりそな銀行が政府の議決権を行使され，実質国有化された。

　この不良債権処理の方法については評価の分かれるところではある。厳格に債務の評価をし直したため，新たな不良債権化がなされ，企業が処理されるという事態にもなった。また，金融再生プログラムが理由ではなく，世界的に景気が回復してきたことで不良債権の処理が自然に解消されたという見方もあった。だが，小泉内閣でのこの政策が有効であったという見方が有力である。なぜならば，後にアメリカで金融危機が発生した際，強引に公的資金を注入したのは，このときの日本の手法を見習ってなされたからである。日本の小泉政権の公的資金の注入は世界経済の見本になり，実際に他国がそれにならって経済を立て直した。

新たな手法が効果を呼ぶ　住宅専門金融会社への6,800億円の公的資金の注入は大きな批判を浴びたが，経済の低迷からこの金融再生プログラムに対しては批判議論が高まらなかった。「新たな手法こそが効果を呼ぶ」がここでも生かされたのである。過去に行ったことのない政策が功を奏する可能性は高いと考えられる。

5 郵政改革

　郵便，郵便貯金，かんぽなどは今や民間の事業として周知されている。しかし，かつては国営の事業であった。2005年に行われた衆議院議員総選挙は郵政選挙と呼ばれた。小泉内閣の郵政民営化の提案が参議院で否決され，小泉首相が郵政民営化に的を絞って衆議院の総選挙に打って出た。その結果，自民党が大勝し，小泉政権のもとで郵政の民営化が図られた。ここでの郵政というのは，郵便事業，郵便貯金，郵便保険の三事業である。これらの事業が民営化されることになった。

　では，なぜ郵政三事業を国の経営から民間の経営に移す必要があったのか。実は，これは同時に問題視されていた財政投融資の改革を意味した。その財政投融資とは何か。郵便局に貯金すると，利息が付いて戻ってくる。郵便局がわれわれの貯金を資金として貸付の営利活動を行っている様子はなかった。では，どうして郵便局が利息分を稼ぐことができたのか。実は，郵便貯金や簡易保険等の資金は，かつて旧大蔵省の資金運用部というところに運用委託されていた。そこから公社・公団（特殊法人）に貸し出されて，事業資金とされていた。そして，公社・公団が借りた資金に対して利息分を付けて返していたのである。また資金運用部が，銀行の貸し出しにあたる機能を担っていた。資金運用部によって運用され，金利分が付いて戻ってきたお金が郵便貯金の預金者に戻されていた。

　この財政投融資は，政府の第二の予算，隠れ財布とも呼ばれていた。これは一般会計として国会で十分議論されるのではなく，特別会計として内容を深く議論されずに活用されていたからだった。事実上国会というチェック機能を通さずに，政府系の組織を通じて巨額の資金が集められ，それを貸し付ける形で各事業が行われていた。2001年度だけで約32兆円が財政投融資計画だった。

　財政投融資は，郵便貯金や年金など国民の財産を，「安全かつ有利な」事業で運用することが法律で定められていた。住宅建設や道路建設などの社会資本

整備や，企業，個人への融資を行う政府系金融機関への貸付などの事業に利用されていた。資金運用部は，これらの事業を行う政府系の特殊法人に郵便貯金などの資金を貸し付けていた。

　例えば，財政投融資は住宅都市整備公団に貸し付けられ，通常民間では行えない大規模な住宅開発に振り分けられていた。多摩ニュータウンや千葉ニュータウンといった大規模な町を創り出すような事業は民間では難しく，経済が右肩上がりのときにはこのような活用が有効だった。また，当時日本道路公団も特殊法人の1つであった。財政投融資はこの公団にも貸し付けられ，高速道路の建設などに充てられた。高速道路の利用者は，利用時にその料金を支払い，その一部が財政投融資への返済となっていた。

　もう1つの例として，政府系金融機関への融資があった。日本政策銀行，住宅金融公庫，中小企業金融公庫等への融資があげられる。それらの金融機関を通して，民間へ資金が融通される仕組みだった。民間の金融機関に任せていたのでは，政府の掲げる重点整備が行えないので，このような政府系金融機関を通して，政府は重要産業の育成，住宅の整備等の目的を達成することができた。

　このような財政投融資について国会の十分なチェックがなされず，巨額の事業，巨額の貸付を政府の裁量で行えた。その結果，日本経済の土台を形成できたのは事実である。しかし，経済低迷期にはその欠点が浮き彫りになってしまった。

　当時，本州四国連絡橋公団は利子付きの借金が1兆6,000億円にもなってしまっていた。しかも，四国三橋の利用客は当初の予定を大幅に下回って，料金収入だけでは利子分も払えない状態に陥ってしまった。日本の国土を貫く背筋型の道路ではなく，本州と四国を横に結ぶ橋が3本というような肋骨型の道路であったため，建設前より赤字化が心配されていた。それが現実のものとなり，2001年度予算で800億円の税金が充てられることになった。

　住宅を供給する住宅都市整備公団は，住宅開発を進めていたが，バブル後は民間とも競合してしまい，割高の住宅やマンションが売れなくなってしまっていた。長期間売れない在庫を民間並みの価格まで引き下げ，販売すること

なった。

　400兆円近い財政投融資資金は，大きすぎるがゆえに，逆に安易に無駄な大規模事業を誘発する原因ともなってしまっていたのである。もちろん，どの事業にも意味はあったはずであり[10]，右肩上がりの経済のもとでは，赤字を生み出すという点に対してあまりにも無防備だったのである。

　このような非効率な公共事業の温床になっていた財政投融資制度には風当たりが強く，この制度のあり方が槍玉にあげられた。その一番の批判点は，チェック機能が十分でなく，つまり国民が十分理解することなく不明瞭な形で財政投融資制度が各事業を支援したため，いつのまにか，各事業が大きく膨らんだ赤字を抱えることになってしまったことである。

　そこで，これ以上裏の借金も増やさないようにするために財政投融資制度の改革が始まった。

　このお金の使い方にメスを入れるには，特別会計という制度を変えること，さらにその会計に依存してきた国の機関である道路公団などの特殊法人を改革することが必要となった。しかし，最も重要なのはそこに資金を提供する根源を絶つことであった。出口だけではなく入り口の改革こそ最も重要であった。その入り口の1つが郵便貯金だった。郵便貯金では100兆円を超える資金が運用され，そのお金が国会審議を通さず政府によって使われていたのである。小泉内閣が掲げた郵政民営化という改革にはこうした背景があった。

　2005年9月の総選挙で与党が圧勝し，郵政民営化が実行された。郵政三事業の郵便・簡易保険・郵便貯金がそれぞれ民間会社となり，それらを日本郵政という特殊会社が統括することとなった。それ以降，特別会計の形から財政投融資債という形に変化し，その民間会社がその財政投融資債を購入している。形式的には抜本的に改革されたが，郵便貯金などが財政投融資債を通して国の各事業に使われている実態を見ると，実質的な改革は不十分だったと受け取られかねない。ただし，形式が整っているので現時点では大きな批判は受けていない。

第**6**章　民主党政権

1　はじめに

　2009年の衆議院総選挙で長く続いた自民党中心の政権に代わって民主党が政権をとった。民主党の掲げた経済政策のキャッチフレーズは「コンクリートから人へ」であり，このキャッチフレーズが国民の心を捉えたといえる。当時，小泉内閣で規制緩和を重視し始めたものの，やはり自民党の経済政策の中心は公共事業であった。ケインズ経済学に従うと，公共投資こそ経済を活性化させるため，これまでも公共投資を中心とした経済政策がとられてきた。その中で，このキャッチフレーズは，そうしたインフラ政策を重視するのではなく，人にお金を投資しようと訴えるものであり，国民には魅力的な政策に映った。しかし，実際に民主党が政権を運営してみると，言うは易し行うは難しで，そのキャッチフレーズのとおりに現実はなかなかいかなかった。民主党政権時の2011年には東日本大震災が発生し，経済は大打撃を受けたことも不運だった。最後には，選挙公約にはなかった消費税率の引き上げの方向性まで決めるに至り，国民の心は民主党から完全に離反してしまった。信じて託したのに「裏切られた」という思いが強かったようである。

　こうした紆余曲折のあった民主党政権の経済政策について説明する。2008年にアメリカで起こったリーマン・ショックによって，日本経済も大きな打撃を被った。その日本経済が低迷した時期に誕生したのが民主党政権であった。公約のマニフェストとして「無駄な公共事業の中止」「高速道路の無料化」など

を訴えて衆議院選挙を制し，民主党が政権をとった。「国民の生活が第一」をうたい，コンクリートにお金を投じず，血の通った経済政策を行っていくというものであった。民主党政権の最初の鳩山由紀夫内閣において，環境・エネルギー分野に50兆円の新規の市場を創る，健康分野で45兆円の新規市場を創る，新規雇用140万人を生み出すという方針が示された（アメリカで2021年に誕生したバイデン政権の方針を10年も前に示していたといってよい）。しかし，鳩山内閣は，沖縄の普天間基地の移転先を県外にするなどの公約を守り切れず1年もたたないうちに総辞職に至ってしまった。そのあとの菅直人政権，野田佳彦政権とつながれているうちに「マニフェストとして公約に掲げ，選挙後にその内容を実現」というスタンスが崩れてしまった。

大風呂敷の責任 民主党が選挙戦のときに，「財源はどうするのか」をさんざん責められたが，「無用な支出を削ればどうにかなる」の一点張りであった。国民はその言葉を信じたが，政策の急転換はなく，従来の政策の流れから脱することができなかった。大風呂敷を広げた責任は大きく，10年たっても民主党政権へのアレルギーが残っている。コンセプトは正しかっただけに残念である。経済政策の公約を訴えるときは，「何を削って何に回すか」など，その財源を想定しておくことが必要であろう。立憲民主党を中心にする野党に対して，今も失われている国民の信頼を取り戻すには「何をいくら削れるか」までを正確に示して，改革を訴えなければならないであろう。

2　民主党政権に対する問題点の指摘[11]

　民主党政権については，続く安倍晋三首相に「悪夢」とまで酷評された。これは国民の受けた感覚と一致するところであろう。時が経っても過去を国民に思い返させる安倍政権の上手い心理作戦である。民主党政権の最も批判されるべきところは，実際の政策が2009年の総選挙で掲げた公約マニフェストに大きく反したことである。それが絵に描いた餅であり，かつ国政選挙を通さないで消費税率引き上げ方針を決めた点で，悪夢だったといわれても仕方がない。だ

が，民主党政権の政策や方針を振り返るとき，現実をよく理解しており，将来
を見据えての政策であったとの見方もできる。経済政策とは良い政策であって
も悪い面を持ち合わせているし，悪い政策であっても良い面を持ち合わせてい
る。民主党政権でも有効な政策も多々あった。公約違反，公約どおりが混在し
て，民主党政権の評価が正確には行われてこなかった。民主党議員すらもその
内容に触れようとしないのだから，学者たちがプラスに評価できるはずはない。
だが，ここではあえてその整理を行おうと思う。

　最初に，民主党政権の経済政策の問題点として批判された内容からあげてみ
よう。ただし，筆者が書き添えているように，それらの政策には良くない面も
あるが，良い面も多々あった。

（1）公共事業

　第一に，公共事業を考えてみよう。日本は国土が狭いので有効な大規模公共
事業をやりつくして，維持費などの赤字を生み続けるであろう無駄な公共事業
しか残っていなかった。その中止を訴えたのが，「コンクリートから人へ」の
スローガンだった。

　当時50年以上前の計画であった群馬県の八ッ場ダムの工事はこの象徴だった
が，結局民主党政権は日本一のダムの建設を正式に中止することができなかっ
た。一時中断のパフォーマンスはあったものの，完全には建設を止められな
かった。水不足が関東で起こっていなかったので利水の面でも必要ない，大き
な洪水もその当時までなかったので治水の面でも必要ない，ケインズ型の有効
需要創出の政策も効かなくなっていたので経済効果としても必要性が見込みに
くい。あらゆる面から必要がないのではと議論されていた。しかし，すでに住
居まで変えて新しい生活を営んでいる地元の推進する声には抗することができ
ず，民主党政権は完全に中止することができなかったのである。無駄な公共事
業の象徴を中止できなかったことから，国民の民主党政権への失望は大きかっ
たといえる。

　ここで付言がある。2019年に関東を大型台風が襲い，大雨の被害を各地にも

たらしたとき，八ッ場ダムは利根川水域の大洪水を防いだといわれている。大洪水を防いだり，洪水を小規模化し，治水としての大きな役割を果たした。地球温暖化による異常気象で，今後もこれまで経験したことのないような大雨被害が予想される。八ッ場ダムには大きな洪水を防いでくれる役割が期待されている。10年近くたった後のことではあるが，民主党政権が八ッ場ダムの建設中止を完全に決めなかったことは歴史的に見て，後に評価できることになる。

実行しないという選択　われわれは「実行する」ことを評価する。実行が伴わないと，「何もしない」「何もできない」と酷評する。このスパイラルに陥ったのが民主党政権であった。だが，ここで書いたように，「何もしなかったこと」が後から役立ってくることも多い。八ッ場ダムのおかげで下流の治水が保たれた可能性が高い。経済政策では，経済学者は「実行しなかったこと」も今後は1つの重要な成果として取り上げる必要があるだろう。

（2）消費税率の引き上げ

　第二に消費税率の引き上げについて考えてみよう。民主党政権当初の消費税率は5％であった。消費税率引き上げは財政赤字を改善するための有力な手段の1つである。消費税率の引き上げに関しても選挙の公約ではなく，あいまいな位置づけだった。2010年7月の参議院選挙の前に菅直人首相が突然消費税率の引き上げについて言及した。しかし，その言及で民主党の選挙での票が伸びなくなったとみた菅首相はすぐにその発言を撤回した。当初参議院選挙では民主党が勝つという世論調査が出ていたが，結局その一言で民主党は参議院選挙で惨敗を喫した。このとき，消費税率を引き上げるの，引き上げないので国民は引っ張りまわされ，あいまいなままの状態になった。その後，野田佳彦首相が消費税率を引き上げることを主張し，2010年に自民党，公明党と3党合意で消費税率の引き上げが決められた。ただし，その前に選挙を行っていなかったため国民の合意が得られていたわけではなかった。民主党は，最初のマニフェストで強く訴えなかった消費税率の引き上げを一体いつからやる気になったのか，国民にはわかりにくかった。そのためもあってか，3党合意の後に行われ

た衆議院の総選挙で民主党は惨敗した。

　サプライサイド経済学では公共事業などにお金を費やすことよりも減税を重視する。他方，ケインズ経済学では公共投資重視の政府はお金を要するために増税をする。この点，民主党政権の税金に関する考え方はあいまいだった。経済学理論もどっちつかずであり，国民からの視点もあいまいになっていた。その結果，選挙で何回も惨敗し，政権を手放すことにつながったといえよう。

> 失われる水平的公平　お金持ちほどたくさん税金を納める「垂直的公平」の所得税に対して，消費税は誰もが平等に税額を負担する「水平的公平」といわれている。誰もが消費を行うわけだから消費税は政府にとっては安定的な収入になる。だが，その後のアベノミクスで異次元の金融緩和が行われると，富裕層はお金を使わずに投資に回すようになり，実質的には水平的公平ではなくなり，経済格差の要因の１つとなったとされている。日銀がいくらでも資金提供するようになると，消費税は水平的公平の性質を失うのかもしれない。

（3）TPP

　第三にマニフェストになく実行された政策として，多国間で自由貿易が図られる環太平洋パートナーシップ（TPP）協定への参加表明があげられる（表明のみである）。TPPの発想前は，各国が２国間で自由貿易協定を結ぶという方式であった。TPP12は環太平洋の12ヵ国が自由な経済取引を行える自由貿易圏をつくることを目的としていた。つまり，太平洋を囲んで自由取引を行える広大な市場が登場するという構想である。自由貿易圏をつくるTPPは自由主義の象徴を意味した。民主党政権はこのTPPへの参加を表明した。

　自由な取引を行うということは，日本の得意とする製造業などにとっては大きなメリットがあった。しかし，日本の中には他国に負けてしまう弱い産業も存在していた。農業，特にコメなどはその代表である。そのため，TPPの理念は素晴らしくても，日本がもろ手を挙げてTPPに参加するわけにはいかなかった。そのような中，2010年10月に菅直人首相が第三の開国としてこのTPPへの参加に前向きな姿勢を示した。2011年６月までにその参加の可否を決めるとい

う方針であったが，3月に東日本大震災が起こり，その決定は先延ばしされた。
そして，2011年11月のAPEC会議において，野田首相がTPP参加交渉に入ると
発表した。農業などの一部産業にとっては衝撃的だった。だが，野田首相が
OKしているということには，それなりの理由があった。この先日本の人口が
先細って農産物の需要減少が見込まれる，また製造業にとっては輸出は有益で
あると見られていた。

　ただし，萩原伸次郎（2015）の指摘では，サービス部門や公共投資部門でも
懸念が指摘されていた。医療部門では，日本は皆保険なので国民皆が保証され
ているように見えるが，保険のきかない医療など近年は多種多彩な先端医療が
登場している。皆保険でないアメリカの保険会社や医療会社はそうした日本の
業界で手がまだ届いていないところへの進出を積極的に図る可能性が高いとい
う。つまり，日本国内では儲からないため日本企業はそっぽを向いているが，
アメリカ企業は着実にそのニーズを目がけて動いているのである。公共事業で
も，国外の企業が入札に参加できるようになる。中央政府はともかくとして，
地方政府の場合，地元企業を優先させることにより地域活性が図られてきたが，
そこにも競争原理が働いて海外企業が進出する可能性が高くなってしまうとい
う。名前は日本企業でも経営はアメリカ企業に譲られていて判別しにくくなっ
ている例も多い。そうなると地元振興は難しくなるであろう。

　現段階で実際にこの懸念に当たってはいないが，当時，こうした懸念がある
にもかかわらず政権主導でTPPへの参加を決める方向に走ってしまったこと
に多くの反発があった。

（4）円　高

　民主党政権時代の負のイメージの1つに70円台の超円高がある。**図表6－1**
には2000年以降の為替レートの推移を示した。2009年から2012年までの民主党
政権時代の為替レートが極端な円高であることがわかる。

　円安と円高はどちらが日本にとって有利であろうか。一般に，円安であれば
海外企業が日本製品を購入するとき割安になるので，日本製品がたくさん売れ

図表 6 − 1　　為替レートの推移

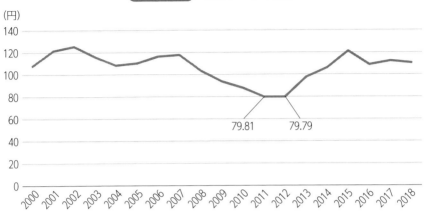

出所：国連統計より作成。

るため円安の方が日本に有利とされている。円高は日本製品が売れない状況を意味する。しかも，その円高の水準が飛びぬけて高い70円台であり，50円台まで行くのではないかという噂まで飛びかったほどであった。日本の輸出が大幅に鈍る事態になりかねなかった。

　これは，リーマン・ショック後の金利の引き下げが遅れたことによる。他国はいち早く金利を引き下げたが，日本は金利引き下げに時間がかかった。金利が高ければ，世界からお金が集まり，円が買われ円高になる。民主党政権時の円高は遅れた金利引き下げによって生じたものである。

政策の成否はアピールが重要　なぜ民主党は，これらの良い成果を誇らないのかが不思議である。これらの政策が実行に移されたのが次の安倍晋三内閣時だったため，ほとんどアベノミクスの成果と映ってしまっている。当初のキャッチフレーズの「コンクリートから人へ」が一見瓦解しているようにも見えるが，公共事業では人々が難儀する河川洪水の防止，消費税率では安定的な税源確保，TPPでは将来の人口減をにらんでの世界市場の確保，超円高では格安な輸入品の国民生活への提供など，新たな形で「コンクリートから人へ」を実現させる基盤をつくったともいえる。筆者らは見事とも感じるが，アピールの上手下手で，これらを実行するタイミングに当たったアベノミクスに手柄を持っていか

れてしまっているようにも見える。政策の成否も世論へのアピールの上手下手で決まるということであろうか。

3 民主党政権の成果

民主党政権の問題点を見てきた。次に、今述べたのとは異なる観点から民主党政権の成果をあげてみよう。マニフェストを守らなかった民主党政権で経済は崩れたかというとそうではない。民主党政権時の失業率（季節調整済み月次）の推移を見てみよう。

図表6−2を見てみると、民主党政権の期間に明らかに失業率は低下している。民主党政権発足時には、5.4％（季節調整済み）であった失業率は、最後の2012年12月には4.3％（同）と大幅に減少している。アベノミクスの終わった2020年9月期には3.0％（同）であり、経済政策で高評価だったアベノミクスの期間でさえ1.3％しか減少させられなかったのであるから、3年ちょっとで1.1％も失業率を減少させた民主党政権の経済政策の力は世間でいわれている以上に高く評価できるのではないか。決して「悪夢の民主党政権」ではなかっ

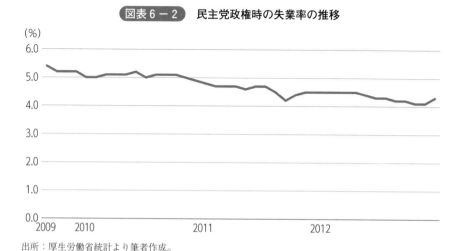

図表6−2 民主党政権時の失業率の推移

出所：厚生労働省統計より筆者作成。

たことが統計の数値から実証される。

　次に世間一般での評価，および本書巻末の参考文献であげられている成果の
うちの主要な内容を付言しておこう。

（1）JALの再建

　日本航空JALの立て直しは民主党政権の１つの成果であるといえる。日本の
空港が成田・羽田中心で，その数少ない空港を活用するために効率のよい大型
機を使っていた。しかし，大型機が必ずしも満席になるかというとそうではな
く，利用者の需要の落ち込みに応じて大型機中心だったJALは利益が著しく低
下し赤字化してしまった。また，格安航空会社LCCが登場する前までは日本の
航空業界は寡占状態だったので，労働者の待遇が格別に良く，パイロットはハ
イヤーで送迎されるなど，高い給与，厚遇による高額な人件費がかけられてい
た。

　世界では，2000年代にLCCが台頭してきており，航空料金の引き下げが進ん
でいた。その中で高額の費用をかけて経営していたJALは窮地に陥った。前政
権時からの課題を引き継いだ民主党政権はJALの立て直しに乗り出した。民主
党政権は，JAL再生タスクフォースを立ち上げ（ただし，国土交通相の私的機
関のためJALが費用負担），JALの再生に取り組んだ。タスクフォースの調査
を受けて企業再生支援機構が再生支援を決定した。

　ここでは，３つの大きな施策がとられた。第一は，JALの不採算路線を整理
したことであった。国内の不採算路線だけでなく，海外の不採算路線も運休に
した。第二は，金銭的な面である。まず金融機関に5,000億円の債権の放棄を
要請した。同時に企業再生支援機構が3,500億円の公的資金を注入した。第三は，
最も厄介な改革であったが，人員の整理，従業員の待遇の改革であった。全体
の３分の１の人員を整理するだけでなく，給与を含め優遇されていた待遇面に
大ナタを振るった。それ以前の大手航空業界では，このような改革に対して組
合が大反対するはずだ。しかし，この件で大きな力を持つJALの複数の労働組
合が協力したのも，民主党政権が連合などの労働者組合の支援を受けて成立し

ていたことが影響していた。

　この結果，JALは再生を果たし，2012年に再上場するに至った。短期間で再生できたのは，連合と連携のとれている民主党政権であったからこそである。

［高賃金の恐ろしさ］　コラム「トラウマを背負った企業文化」の項で，日本で賃上げがなされない理由として「一度上げた賃金を引き下げることはできないから」と述べた。JALの場合，労働組合の連合が民主党を支持していたからこそ可能になったが，そうでなければ高額の賃金を引き下げることなどできなかったであろう。現在，政府が賃上げをするよう企業に求めても，過去の日本経済を知っており，高賃金は会社を苦しめることを認識している企業はなかなか賃上げに踏み切らない。

（2）金融行政政策

　山家悠紀夫（2019）において，2009年に成立した金融行政政策が取り上げられている。金融機関から融資を受けている中小企業や，住宅を建てるために借りた一般の人の住宅ローンについて，借り手側が返済の猶予や軽減を要望してきたとき，親身にその相談に乗る努力が義務づけられた。金融機関に対して，当初の貸付条件の変更などの相談にも乗るように努めることとされた。

　強制力を持つのではなく努力義務に過ぎなかったが，これは温かみのある法律だった。2011年までの時限立法だったが2013年まで続いた。その後アベノミクスになっても，金融機関の債務者に対する，杓子定規の対応ではなく心温かい姿勢は続けられたという。

（3）東日本大震災

　2011年3月11日に発生した東日本大震災は日本経済に甚大な打撃を与えた。なかでも福島第1原子力発電所の事故は，一時首都圏を壊滅させるかとまで思われた。菅直人首相が事故直後の原発に乗り込んで，その行動の是非が議論になったが，幸いにも首都圏壊滅は防ぐことができた。だが，福島県の経済は風評被害も相まって大きな落ち込みとなった。

　山家悠紀夫（2019）がいうように，批判を浴びた菅直人首相の行動だが，批判だけが当たっているということはない。ここで民主党政権がもったいなかったのは，原子力発電に対する姿勢を明確にできなかったことである。定期点検停止などを名目に一応は全国の原発を止めたものの，原発行政の転換（原子力発電からの脱却）方針の決定とまでは至らなかった。東日本大震災後原発をすべて停止しても，日本の電力の供給が不足しなかったというのは皮肉な事実であった。民主党政権は労働組合によっても支えられていて，その中には原発関係の労働組合も含まれているため，原発を廃止という路線は引きにくかった。ただ，日本は原発の危険を思い知ったため，その後の自民党政権でも，東日本大震災前の原発積極化の姿勢は影を潜めた。現在でも，原発廃止か継続かとの議論が続いている。2020年，菅義偉首相は新たに原子力発電所をつくるつもりはないという意向を明らかにした。しかし，2023年になり，岸田文雄内閣は再び原発へ回帰する意向を表明している。

原子力発電の是非　原子力発電の是非の議論は災害，戦争とは切り離せない。東日本大震災で世界中が脱原子力発電かと思いきや，2022年のロシアのウクライナ侵攻による石油価格の急騰を受けて，イギリスやフランスは新たに複数の原子力発電所を建設する方針を示した。核廃棄物処理を除けば原子力発電はクリーンエネルギーとして評価されている。災害，戦争が起こるたびに，化石燃料か原子力発電かの180度の転換となっていては，将来の電力供給が安定しない。自然を活用した再生エネルギーの活用が急がれる。

4　総　括

　安倍晋三首相に「悪夢の民主党政権」と呼ばれたが，ここで論じた内容を俯瞰してみると，民主党政権は間違った政策を行ってきたわけではない。なぜか悪い印象ばかりが残ってしまっている。これは成果を上手にアピールできていないことが要因であろう。

　民主党政権時に3党合意した消費税率引き上げについては，のちの自民党政

権で実現された。アベノミクスも相まって，財政が安定する役割を果たした。無駄と思われる公共事業を止めなかったといっても，思わぬ災害が起きている昨今，結果として大規模ダムが治水の役割を果たし，洪水を防いでいる。民主党政権が参加を表明したTPPについても，アベノミクスのもとで日本は参加し，TPP11を積極的にリードしている。民主党政権の行ってきたことは後世にとってプラスになることが多かった。結果を歴史的に評価すると，民主党政権とアベノミクスは上手く連携が取れていたといってよい。前述したように，全世界の経済が落ち込んだリーマン・ショック後の高失業率を両政権で画期的に低下させた功績も大きい。

　それにもかかわらず，民主党政権が国民から評価されないのは，公約であるマニフェストにこうした政策を掲げなかったり，マニフェストで掲げた公約を実行しなかったこと，あるいは反したことが原因であったと思われる。民主党政権は約束を破ったという印象を多くの人が持ってしまっているのだろう。当初，国民にバラ色の夢を持たせ過ぎたのが原因であろうか。2020年を過ぎても一部の国民はまだ民主党政権アレルギーを持っている。惜しいとしかいいようがない。

第7章　アベノミクス

1　はじめに

　2012年12月の総選挙で自民党が大勝し，第2次安倍晋三内閣が発足した。安倍内閣の経済政策はアベノミクスと名づけられた。アベノミクスにおいては，経済は好調とされ2018年まで景気上昇が続いたとされる。その好調だったというのは事実か。客観的証拠として，まずその間の失業率の推移を見てみよう（**図表7－1**）。

　2012年時には4.3％の水準であった失業率が2019年には2.3％の水準にまで低下した。コロナ禍で2020年に3.0％に上昇してしまったのは残念だが，統計的にはアベノミクスは順調に失業率を低下させたといえる。

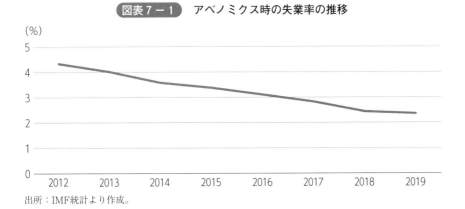

図表7－1　アベノミクス時の失業率の推移

出所：IMF統計より作成。

2　3本の矢[12]

　アベノミクスの特徴は，政策のコンセプトを毛利元就の3本の矢になぞらえて，国民に理解しやすい政策戦略をとろうとしたことである。アベノミクスを主導する政権側が国民にわかりやすく政策を提示した。3本の矢の政策がアベノミクスの基本戦略となった。

　第一の矢は，「大胆な金融政策」であり，のちに異次元緩和と称された。日本経済ではバブル崩壊以降，需要が伴わないデフレ状態が続いていた。物価が下落するデフレだと，企業は儲からず，労働者は給料が下がるか解雇されてしまい，モノやサービスが買えなくなり，そしてその需要不足でより一層の物価の下落が起きる。この悪循環を改善するために，物価上昇率2％を目標に据えて，大幅な金融緩和を目指した（＝他国でも物価上昇率の目標は2％である）。つまり，市中に大量のお金を提供し，節度のある物価上昇（2％）を引き起こそうとした。この異次元緩和こそがデフレから脱却するための基本と位置づけられた。

　また，1本目の矢の中には，民主党政権がなすすべもなかった円高問題の解決を図ることが意図された。民主党政権からアベノミクスまでの円相場の推移を見てみよう（**図表7－2**）。

　リーマン・ショック後に民主党政権の金利の引き下げが遅れたために，日本は高水準の円高に見舞われていた。円高だと日本経済は苦しい。アベノミクスでは，金融緩和をし，制限なしにマネーサプライを増やすことで金利を低く誘導し，円高を解消しようとした。**図表7－2**を見ると，それが功を奏して，2013年から始まったアベノミクス期間に円高が是正されたことがわかる。70円台で推移していた円相場がアベノミクス時には100円台以上を推移している。

　第二の矢は，「機動的な財政政策」であった。国土強靱化の方針のもと，公共投資などで需要を喚起する政策がとられた。では，足りない歳入をどうするかが問題視されるが，それは国債を発行し，それを日本銀行が買うという仕組

図表7-2　円相場（IMF）　各年平均

出所：国連統計より作成。

みをつくり，資金を賄っていた。後に，世界のMMT（現代貨幣理論）学者の主張するように，国債をいくら発行して中央銀行が買っても，大きな問題は起きないと信じられる根拠となった。本来ならばハイパーインフレが起きるところだが，国債を大量発行したアベノミクスで現に何も問題が起こらなかったからである。

　図表7-3を見ると，アベノミクス発足時の2012年度には普通国債残高が705兆円であったが，2019年度には896兆円と，約30％増になっていた。国債が大量に発行されていることがわかる。このように，「日本銀行が国債を買う」という図式のもと，アベノミクスでは積極財政が繰り広げられた。

　第三の矢は「民間投資を喚起する成長戦略」であった。第一と第二は政府主導の政策であったが，第三の矢は規制を緩和して，民間の力で経済を動かすというものである。経済の原動力の1つは民間投資である。民間投資が活発化すれば，生産が増え，雇用が増え，機械設備を生産する企業や労働者の所得が増え，消費が増え，また生産が増える，…という循環が活発化する。第三の矢は，法人税減税を行うことで，企業がこの設備投資をしやすい環境をつくろうというものであった。2013年に法人税率（基本税率）は30％であったが，アベノミクス終了時までに23.2％にまで引き下げられた。実効税率でも2014年度は34.6％だったのに対し，2019年度には29.7％と20％台まで引き下げられた。

図表 7 - 3　普通国債残高（実績ベース）

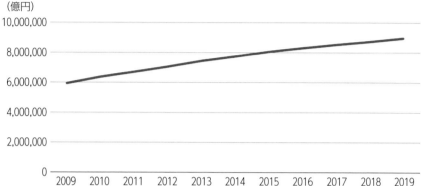

出所：財務省ホームページ「戦後の国債管理政策の推移」より作成。

わかりやすく伝える重要性　アベノミクスの 3 本の矢は話題になった。安倍首相
も 2 回目の政権だったので，1 回目の反省，2 回目の慣れもあり，国民にわか
りやすく伝えるという技法を活用したと思われる。毛利元就の 3 本の矢の話な
らば国民の多くが知っている。安倍首相は自分が何をしたいかをうまく伝えて
いる。これは見習うべき点である。経済のわかりにくい政策を国民にわかりや
すく伝えるという手法は小泉純一郎内閣でも取られたものが，アベノミクスで
も活用された。

3　アベノミクスの成果

（1）異次元金融緩和

　第一の矢としての金融の大幅緩和は異次元の金融緩和と呼ばれた。日本銀行
が大量にお金を市中に流した。これは，日本銀行の役割を大きく変えるもので
あった。金融当局の役割は，マネーサプライをコントロールして金利を上下さ
せるというものだった。しかし，景気の悪いデフレ状態になると，ゼロ金利に
まで下げざるを得ない。ゼロ金利になると，金融当局にはそれ以上金利を下げ
る方法が事実上なくなってしまう（その後，マイナス金利も登場した）。アベ

ノミクスは，その日本銀行の役割を大きく変えた。つまり，ゼロ金利以降も資金を社会に提供するという点で日本銀行は重要な役割を果たした。1つは，株式市場での株の大量購入を許したことである。もちろん日本銀行は1つひとつの銘柄を購入できないので，投資信託の形で株を購入した。年間6兆円，2020年には年間12兆円の予算である。事実上，日本銀行による各大手企業の大株主化につながった。年金資金の大量の運用と相まって，株式市場の株価を日本銀行がコントロールできるようになったといっても過言ではない。株価の下落は発生せず，株式市場で資金を運用している人や株式市場に上場している企業は安定していた。2020年のコロナ禍でも日経平均はコロナが始まる前以上の水準を付けるというアクロバティックな状態となった。また，第二の矢にも関連するが，政府の国債の大量購入で日本銀行は政府の財政を確保し，それにより貨幣を市中に流し，市場の資金に余裕を持たせることができた。

（2）インバウンド

　アベノミクスでのインバウンドの成果は大きかった。2018年に訪日外国人客は3,000万人を超えた（**図表7－4**）。2020年の東京オリンピック・パラリンピックではより一層飛躍するところであり，2020年頭に始まる新型コロナウイルス感染症の流行（コロナ禍）の発生は残念であった。インバウンドでは訪日外国人客の消費が年間4.8兆円になり経済効果も抜群だった。それ以上に，外国人観光客を迎えるための工夫やおもてなしに地方が注力し，地域の人たちが元気になった。インバウンドは日本中の人々を元気にさせたといってもよい。

　バブル崩壊後，日本ではさまざまな公共事業が行われてきたが，利用者からの収入よりも維持費のほうが膨大になり，無駄な公共事業と呼ばれていた。道路，橋梁，トンネル，空港，港湾などがそれにあたる。人も来ない地方にそのような膨大な費用をかけて建設するのが無駄だとされてきた。おかげで，政府は大幅な赤字を抱え，社会保障費不足を理由に何度も消費税率を引き上げてきた。しかし，インバウンドが好調で，大都市の空港だけでは訪日客をさばけなくなった。格安航空会社の拠点が地方空港につくられ，地方空港が訪日外国人

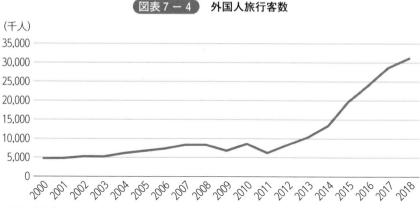

図表7 − 4 外国人旅行客数

出所：国連「UNWTO（United Nations World Tourism Organization）」より作成。

客受け入れの拠点となった。それ以前の地方空港は公共事業の赤字の象徴で
あったが，アベノミクスではそれらが逆に重要となった。地方の港湾も同様で
ある。大型クルーズ船が外国からやってきて地方の港湾に寄港した。それまで，
何でこんな場所にこんな立派な港湾があるのかと批判されていたが，それらが
外国からの多くの観光客（もちろん国内客も）を導いた。このように，これま
で無駄扱いされてきたインフラが，アベノミクスのおかげで見事によみがえっ
たといえる。アベノミクスが，無駄な公共事業と批判され続けてきた政治家の
先人たちを救ったといえる。

（3）TPP11

日本はアメリカからTPP（環太平洋パートナーシップ）協定に入らないかと
誘われていた。TPP12は環太平洋の12ヵ国で自由貿易圏をつくろうという構想
だった。国産の農業を重視していた日本はその加入に二の足を踏んでいたが，
アベノミクス時，日本はアメリカよりも先にTPP12への参加を決めた。多国間
での自由貿易の推進は市場の拡大につながるので，日本の製造業にとっては有
利である。また，知的財産権をお互いに尊重できる仕組みがつくられるので，
これからの情報社会での自由競争が安心して行えるようになる。

　しかし，アメリカでは，2017年オバマ政権からトランプ政権に代わり，アメリカ・ファーストを掲げるトランプ大統領はいち早くTPP12への不参加の姿勢をとった（従来どおりの2国間交渉を重視した）。環太平洋の自由市場づくりは崩壊したかと思われたが，取り残された11ヵ国でTPP11を再形成し，その枠組みでのTPPを成立させた。ここで参加に積極的姿勢をとったアベノミクスは高く評価されてもよいであろう。これから人口の減少，そしてより一層の高齢社会を迎える日本では，現役世代や若い人向けの商品やサービスを開発しても，売れる市場が国内の狭い範囲で限定されてしまう。それでは企業も新商品や新サービスの開発意欲を持たなくなり，国全体の経済が衰退してしまう。自由貿易を幅広い市場で展開できれば企業は意欲的になる。将来の日本経済を見据えたとき，TPP11は日本にとって大切な存在となる。

市場を拡大した日本　競争を恐れて市場を開かないと，全体の市場規模が縮小してしまう。山間の多い日本では農産物の大量生産が難しい。干拓を行うと，諫早湾問題のように漁業に影響を及ぼす可能性がある。畜産にしてもそれを守らないと安い肉が日本に押し寄せ日本の畜産業が危うくなる。その農畜産業を守るよう，日本は障壁を構えてきたが，将来の人口減による日本全体の経済市場の縮小に対して，まずTPP参加という1つの手を打った。市場を海外まで広げたのである。次に必要なのは，競争に耐えられる製品や産物を生産する産業を育成することであり，政府，産業界にはこれを期待したい。

4　アベノミクスの問題点

　アベノミクスでは貧富の差を拡大させるという所得格差の問題が起きた。富める者はますます富み，貧困な者はますます貧しくなるという現象である。これは，大量のマネーサプライが供給されている金融市場と，実際に人々が生活する実物市場が別々に分けられてしまったことが背景にある。両市場でお金の行き来ができないのは，金融市場に人の欲（株式投資などで儲けたいとする欲，失いたくない（損失回避）欲のための貯蓄）が集まり，いわゆる，それらの欲

が壁（筆者は「欲の壁」と呼ぶ）をつくってしまい，実物市場にお金を流さないようにしているからであろう。この「欲の壁」のせいで，本来成立するはずの「金融資産が消費を増やす」という消費関数論が成り立っていないのである。

　100円の資産価値の増減に対し，個人消費は 2 ～ 4 円しか変化していない[13]。このことからも，いかに金融資産の増大が消費に回っていないかがわかる。株式市場などで儲かる仕組みができていて，お金を儲けられる人たちは，コロナ禍でも逆に株価が上がり大儲けをしていた。貧困な人たちは失業したり，給料が上がらないことにより一層貧乏になってしまった[14]。

　アベノミクスによって日本銀行が株式を大量に買い込むことが許されるようになった。年金資金の株式での運用拡大と相まって，株式市場が公的資金で支えられ，下落しない仕組みになってしまった。上場1,800社で公的マネーが大株主になっているという朝日新聞の報道（2020年10月23日記事（一面）），コロナ禍で逆に株価が上昇している事実もこれらを裏づけていた。

　これは金融市場が競争原理を失ってしまっていることを意味する。日本銀行もこの現象に手をこまねいていたわけではない。2016年，日本銀行はマイナス金利政策を実施した。日本銀行に預けているのが一番安心として民間銀行が法定準備率以上の金額を日本銀行に預金していたが，その預けている預金（法定準備率以上の部分）の金利をマイナスにしたのである。民間銀行に対して「日本銀行への預金」というぬるま湯につかっていないで，リスク覚悟で民間に貸し出してお金を儲けなさいということを指示したのである。こうする必要のあるほど，実物市場にはお金が回らない状況が出来上がってしまっていた。

経済の小粒化の現状　公的資金で株価を支えるというのは，まさに金融社会主義と見なされても仕方がない。この現象で起きるのが競争不足である。競争を促さないと，新たな企業が生まれにくくなる。

　事実，日本では，トヨタ，ホンダ，ソニー，任天堂など今の大人世代が子どもの頃からあるような企業が活躍している。昭和の企業がまだ第一線で活躍しているのである。アメリカのGAFA（グーグル，アップル，フェイスブック，アマゾン）や中国のファーウェイ，TikTokを運営するバイトダンスなどのよ

うな若いグローバルな巨大企業が生まれない。日本で大手を振っているソフトバンクにおいても，日本で画期的な技術開発をしたわけではない。投資会社の性格が強く，日本は企業も小粒化，経済人も小粒化している。技術開発から成り上がる超大物が登場してこなくなっているのである。マスコミに登場する若手経済人も国内のぬるま湯経済につかっている中途半端な人が多く，世界の産業地図を塗り替えるような，世界経済をリードしていく大物経済人は未だ登場していない。優秀な若手人材の希望就職先は昭和からの大手企業がほとんどであり，若者が起業し成功していくための経済環境をつくり損なってしまった。

　日銀，政府による日本経済のコントロールで，いつの間にか人材の育成，つまり新規グローバル企業の育成が滞ってしまった。アメリカのように，競争を上手く活用する政策を考慮に入れる時期であろう。

5　総　括

　アベノミクスの特徴をまとめたが，8年弱に及ぶアベノミクスにおいては，ここで記しているだけでは収まらないほど多くの政策が実行された。防衛面，環境面，福祉面，教育面など経済多岐に関わる重要事項が多く存在した（これらについては別で刊行した書籍（水野勝之（2021）『基本経済学視点で読み解くアベノミクスの功罪』中央経済社）を参照されたい）。

　本章でまとめたように，アベノミクスには功績，問題点の両方が存在する。経済政策というものはいずれもプラス面，マイナス面を持ち合わせる。アベノミクスの個別の成功もさることながら，全体的な成功もあげなければならないであろう。人々にその先々が簡単に予想されるようでは，先にマイナス面をカバーする行動を起こされてしまい，プラスの効果が少なくなってしまい，経済政策は上手く作用していかない。アベノミクスは，「アベノミクス」と命名した最初の時点から先の読めない衝撃を国民に与えた。3本の矢にしても異次元金融緩和にしても，その先に何が起こるかわからない期待感を持たせた。このように国民に先読みができない，そして先回りができない政策の出し方をしてきたことがアベノミクスのプラス面に大きく作用したと思われる。

　もちろんここで上げた問題点も深刻である。だが，それを解決するのは，次

を継いだ菅義偉政権であり，そのあとの岸田文雄政権である。そこで生まれた
問題はまた将来の政権が解決していく。この繰り返しで日本経済が着実に成長
していくと良いのであろう。

【注】

1　本編は水野勝之（1997），水野勝之（2001）の内容に基づき，必要に応じて改変
　　している。

2　ここで紹介した内容以外には総務庁の発足がある。役所の統合では総理府の一
　　部と行政管理庁を統合して1984年に総務庁を発足させた。役所の統合では唯一の
　　成果であった。

3　1986年に「住宅ローンの年末残高」に一定率を乗ずる方式になり，1986年に入
　　居した人に「控除期間3年」「最大控除額60万円」が実施された。

4　「8　バブル崩壊直後のわが国の実物経済環境」については楠本眞司（2012）の
　　第2章を参考に執筆している。

5　通商産業省調査統計部「生産・出荷・在庫指数確報」を参考にしている。

6　大蔵省関税局輸出課「外国貿易概況」を参考にしている。

7　楠本眞司（2012）第5章および水野勝之（1997）の内容に基づき執筆している。

8　以下の記事を参考に執筆している。
　　岡田晃（2019）「平成の日本経済が残したもの」『マイナビニュース』
　　https://news.mynavi.jp/article/heiseieconomy-6/
　　東京新聞「地方議員20年間で半減　合併後も定数減らす」
　　https://www.tokyo-np.co.jp/article/politics/list/201904/CK2019040902000156.html

9　以下の記事を参考に執筆している。
　　産経ニュース「平成30年史　バブル，それから」
　　https://www.sankei.com/economy/news/170604/ecn1706040004-n1.html

10　ここでは金額の問題やペイしていない問題を取り上げたが，住宅都市整備公団
　　の場合，道路や上下水道などのインフラについて地震などの災害が発生しても簡
　　単に崩壊しないつくりにしてあるなど高く評価できる点は多々あった。

11　萩原伸次郎（2015）を参考に執筆している。

12　首相官邸ホームページ，https://www.kantei.go.jp/jp/headline/seichosenryaku/
　　sanbonnoya.htmlを参考に執筆している。

13　日本銀行による展望レポート「個人消費の資産効果」（2016年4月），https://
　　www.boj.or.jp/mopo/outlook/box/data/1604BOX5a.pdfを参考に執筆している。

14　この20年でアメリカの個人収入は3.4倍に増えているにもかかわらず，日本は4％
　　しか増えていないという。銀行預金のうち貸し出した割合は約6割弱で，残りは
　　国債などの購入に充てられているという（日本経済新聞「家計金融資産，初の2000
　　兆円台」（2022年3月18日記事））。

第 2 編

アメリカ現代経済史

第8章　1980年代半ばのアメリカ[15]

1　レーガン大統領の方針

　1960年代にベトナム戦争に介入して以来，アメリカ経済は財政赤字で苦しみ続けた。ベトナム戦争でお金をたくさん使ってしまい，その借金を後の世代に回したため，70年代，80年代のアメリカの政府はお金を使いたくても，その借金の返済に充てなければならず，新たに使った分だけまた借金が増えるという，財政赤字が拡大する状態に陥ってしまっていた。70年代以降，従来のケインズ政策が利かなくなっていた。

　アメリカは1981年のロナルド・レーガン大統領の誕生で政策が一変する。レーガン大統領はそれまでのケインズ政策（政府の役割を重視する）によらず，「小さな政府」（政府の役割を最小限とし，経済を市場の力に任せる）を標榜し，レーガノミクスと呼ばれる新たな政策をとった。

　前述の状況の中で，「金利を押し上げ，設備投資と生産性を低下させ経済を弱体化させているのは，民主党のケインズ政策がもたらしたところのインフレにある」という認識が国民の間で深まった。「インフレの抑制＝通貨供給量のコントロール」によるマネタリズムが大きな支持を得ることになっていった。

　1981年就任早々のレーガンが打ち出した「経済再建計画」の中には，歳出削減を重視する財政のバランスの達成がうたわれていた。州・地方への連邦交付金，ならびに行政管理費を抑制し，各業界への各種補助金・研究教育への連邦援助の削除，切符の提示により食料を購入できる食料切符計画，その他の福祉

計画支出の受給資格強化などの実施を目指した。こうした政策によって民間貯蓄を吸収し，経済成長抑制・インフレの原因となっている財政赤字の均衡化に持っていこうという意図に基づいたものであった。

このような姿勢は当時喫緊の問題として注目されていたアメリカの労働生産性の低下傾向に歯止めをかけるべく，勤労意欲を阻害する行き過ぎた福祉政策を見直すべきだ，という世論を反映したものであった。同時に，前カーター政権下でインフレの高騰を招いたケインズ的スペンディングポリシーへのアンチテーゼ的な意味合いをも含んでいた。

> **マネタリズム**　マネタリズムは，政府が経済に介入しすぎるケインズ経済学を批判し，市場に経済を任せることを提唱した。物価変動や名目GDPの変動は貨幣供給量の大きさの変化によって起こるとし，貨幣供給量のコントロールを重視した。ミルトン・フリードマンらが提唱して，一時，勢いを持った学説である。いずれにせよ，公共事業などの政府の経済への介入を批判した理論である。

2　減　税

レーガノミクスは，これら一連の財政支出削減と並んで，「強いアメリカ」・「強いドル」再建のための国防支出の増額，さらに貯蓄・投資促進の効果を狙った大幅減税の実施が，主要な政策の地位を占めていた。当時の最高70％の個人所得税率を1981年に50％に引き下げ，1986年にはその50％をさらに28％に引き下げた。同年，法人税率も46％から34％に引き下げた[16]。

さらに行われた減税を（少し難しいが）列挙してみよう。参考にしていただきたい。①キャピタルゲイン（資産を売却したときに得られる利益）に対する最高税率が28％から20％に引き下げられた。②所得税率・基礎控除・課税最低限所得に物価スライド方式（物価の変動に応じてそれらの額を見直す仕組み）が1985年から導入された。③貯蓄優遇税制の導入，遺産・贈与税の引き下げ等が行われた。また，④1981年ACRS（早期コスト回収制度）を減価償却制度に

導入し，コスト回収期間を4段階（3年・5年・10年・15年）とし，減価償却を加速させる制度を取り入れた。⑤これと併せて投資税額控除制を改正し，税額控除率は回収期間3年の資産が6％，それを超える資産は10％とし，大幅な引き上げを行った。⑥試験研究費用増加額に対する25％税額控除を導入するなどの減税措置を講じた。

いずれにせよ，レーガノミクスが減税政策に力を入れたことがおわかりいただけるであろう。

3　金融政策

金融政策では，マネーサプライの抑制を重視した本格的な金融引き締め政策に転じ，インフレの収束が図られることとなった。それまでの伝統的な公開市場操作・公定歩合中心の金利政策からマネーサプライのコントロール（レーガノミクスではマネーサプライの増加率を半減させることを目標とした）への転換が図られた[17]。レーガノミクスの金融政策では，インフレの収束には成功したものの，他方で高金利状態の経済が継続するに至ったのである。

レーガン政権第1期前半は不況であった。実質GNP成長率は，1981年1.9％の低成長からマイナス2.5％へと大幅に下落し，1982年，肝心の民間設備投資はマイナス7.2％となり，経済の要の個人消費は実質所得の伸び悩みを反映してわずかに1.3％の上昇にとどまった。民間住宅投資は二桁マイナスの16.9％[18]と大幅に減少した。失業率は1981年の7.6％から急激に上昇し，9.7％を記録するに至り，アメリカ経済は1982年11月までに16ヵ月に及ぶ「戦後最長」の景気後退局面を経験した。当時他国でも不況が続き，アメリカを含め「世界同時スタグフレーション」であった。

ところが，レーガン政権第1期後半は好況に転じた。1982年第4四半期になると，過去の金融引き締め圧力によるインフレの沈静化が功を奏して物価が安定したのに加えて，在庫の調整が一層進行し，景気の下げ止まり傾向が出てきた。それに伴って景気回復の動きが現れ，1983年以降，回復・拡大局面へ転換

した。1983年の実質GNP成長率は，3.6％と回復した。個人消費も前年の1.3％から大幅に拡大し4.6％の上昇を示し，民間住宅投資も前年の二桁マイナスの16.9％が一転して増大を見せて42.1％成長を記録した[19]。

4　一時的なレーガノミクスの逸脱

ここで筆者（楠本）が注目したのは，この回復・拡大局面を実現せしめた大きな要因が，実はレーガノミクス政策の一時的な放棄であったという事実であった。その第一は，1982年第3四半期，連邦準備制度理事会（FRB）が，短期市場金利が低下したことを受けて早々と金融緩和を打ち出して，マネーサプライを大幅に増加させ市場金利を低下させたことであった。第二は，国防費を中心にケインズ的スペンディングポリシーを実施したことであった。そのうえ，第三は，歳出削減による1984年度目標の財政均衡が，時を追うごとに見事に裏切られたことであった。

レーガン大統領就任以降の連邦歳出入の推移を見ると，1982年度の歳入6,178億ドルに対して，歳出が7,457億ドルで，1,279億ドルの財政赤字，1983年歳入は6,006億ドルに対し，歳出が8,083億ドルで2,077億ドルの赤字，1984年度は6,655億ドルの歳入に対して歳出が8,516億ドルの1,861億ドルの赤字[20]となった。このように彼の就任後は財政赤字が続いていた。減税が労働意欲を高めて貯蓄を促し，企業の設備投資を刺激しつつ，諸規制緩和と併せて労働生産性向上をもたらし，税収の増加を達成しうるとした当初の見通しが見事に裏切られた形だった。

5　成　果

1983年以降の世界に先駆けて達成されたところの「アメリカの世界同時スタグフレーションからの回復・拡大」を見てみる。今述べた財政赤字が政府資金需要を増大させ，民間設備投資・消費支出の増大を促して民間資金需要を増大

させた。この民間資金需要は，国内貯蓄を大幅に上回って，すなわち資金需給の逼迫が必然的に金利を押し上げ，財政赤字の生産投資効果を減殺するはずであった。これを財政赤字による民間資金のクラウディングアウトという。だが，このクラウディングアウトは発生しなかった。なぜならば，アメリカが高金利のため外資が流入し，投資と消費が減退するどころか逆に拡大が促進されることになったからである。つまり，この積極的ともいえる赤字財政の拡大は，連邦借り入れの急速な増加となって現れつつも民間需要を拡大したことになる（クラウディングアウトとは逆の現象）。外資流入による豊富な資金によって，民間需要である設備投資は急速に拡大し，1983年はマイナス1.5％の伸びであったものが，翌1984年には一気に17.7％増と二桁台の大台に乗せ，対GNP比12.1％に増大した。

このときの景気回復状況を鉱工業生産指数で見ると，1983年第4四半期には，対前年同期比14.3％の伸びを示し，翌1984年第1四半期は15.4％，同年第2四半期も13.7％，同第3四半期も10.4％伸びた[21]。

これと相まって所得税減税効果が現れ，個人消費支出が1983年の4.6％から翌年の4.8％へ0.2ポイント上昇し，内需（国内総支出）が1983年に5.1％，1984年8.7％と増大した。1984年GNP成長率は3.6％から大幅に伸びて6.8％を記録するに至ったのである。

クラウディングアウトは吹き飛ぶ？ レーガン大統領の政策は，経済理論の考え方であるクラウディングアウト効果を吹き飛ばした。本文にもあるように，クラウディングアウトとは「政府の財政支出が増えると（実質）金利を上昇させる。その結果，民間需要が減退する」ことである。ところが，高金利政策は多くの外貨を呼び込み，アメリカ経済の資金を潤沢にした。そして，企業はその資金をふんだんに使うことができた。レーガン大統領の従来の理論に反した異例の政策が功を奏したといえる。

6　1985年以降

　アメリカの1985年以降の経済成長の実態を振り返ってみると，実質GNP成長率は，1985年第 1 四半期3.8％，同第 2 四半期2.1％，第 3 四半期4.1％，第 4 四半期3.1％と，3 ～ 4 ％台の安定的推移を経験した後，翌1986年第 1 四半期には0.6％と大幅にダウンしたが，1987年に入って第 1 四半期には4.4％，第 3 四半期には4.3％，第 4 四半期には4.8％と 4 ％台に回復した。1988年第 4 四半期にはさらに伸びて5.1％の成長を達成した。ただその後，1989年第 4 四半期には3.6％から2.7％へ，さらに1990年第 4 四半期には0.3％へと下落し，80年代のアメリカの経済成長が限界に突き当たっていたことを表していた。

　1985年以降の経済成長を牽引したのは，輸出の伸びが示すように外需の拡大であった。外需は1985年対前年比マイナス8.1％であったものが，翌1986年にはプラス8.1％に，さらに1987年は二桁台伸びて13.5％に伸び，そして1988年には80年代最高の17.6％と著しい伸びを記録している。この外需の伸びは，いうまでもなく1985年第 3 四半期以降，ドル相場が大きく低下したことによるものであるが，G 5 以降の先進各国の協調介入によるドル高是正に加え，それ以前の大幅なアメリカの貿易赤字がドル売り（＝ドル安）に寄与したことや，（財政の大幅赤字を放置しつつ）1986年金融緩和による急激な金利低下に伴うドル売り（＝ドル安）にその原因を求めることができよう。

　他方，内需にあたる民間設備投資は，1986年マイナス3.3％とマイナス幅を記録したものの，1987年には3.7％，翌1988年には8.4％と堅調に推移した。同じく内需である個人消費支出も1985年3.8％，1986年3.3％，翌1987年3.2％，1988年3.3％と安定して伸びた。失業率は1984年には7.5％という高率を示したが，1985年以降7.2％，1986年7.0％と次第に落ち着きをみせ，翌1987年には外需主導型による成長策が奏功して6.2％，1988年には5.5％と完全雇用圏へと接近した。

　しかしながら，労働コストの上昇傾向とともにインフレの影が見え始め，急

激なドル安が進行した。それに伴って，輸入品価格が原燃料を筆頭に大幅に上昇し，インフレの再燃が懸念されることとなった。

　消費者物価指数を見ると，1982年～84年平均を100として1985年は107.6，1986年は109.6，翌1988年は118.3，そして1989年は124.0というように，足早に上昇していったことがうかがえる。このインフレの進行に伴って市場金利が再び上昇し，一向に改善されない財政赤字と，このインフレ懸念・金利高騰期待から，それまで「国際協調」の名のもとに辛うじて繕われてきた潜在的かつ慢性的なドル不安が一気に表面化することになった。その不安は1987年10月，株価が激しく調整を迫られる形で起きた。ニューヨークのダウ工業株30種平均が508億ドル幅，率にして22.6％と過去最大の暴落となった。いわゆる「ブラックマンデー」である。

　いうまでもなく1980年代を通じて現れたところの，金利の高止まりと外資依存，慢性的なドル高傾向は，巨額の財政赤字を削減し，超過需要を圧縮して景気の過熱に歯止めをかけ，金融・為替政策への（すなわち黒字諸国への）負担転嫁を極力回避することで解決が図られるべきであった。だが，結局，1980年代の終わりにはインフレ抑制のためにフェデラルファンドレートが引き上げられ，外貨が流入してドル相場は反騰，レーガノミクスの経済成長は1990年，ついに限界に突き当たったのである。

7　総　括

　レーガノミクスの主たる政策をピックアップすると，①減税政策，②高金利政策の2つの政策が特徴的であった。簡単にいえば，この2つの政策を柱に諸々の政策を組み合わせることにより景気の回復に成功した。

（1）減税政策

　1981年レーガン政権のもとで減税政策がとられた。サプライサイド経済学に従うと，減税が経済活性化のための有力な手段となる。このときの減税は，所

得税減税，法人税減税の２つの大幅減税を柱としたものであった。この所得，投資の両面からの減税が十分効果を発揮したといえよう。

[減税政策の問題点]

　アメリカ政府はベトナム戦争の介入により大幅な財政赤字に陥っていたが，この減税は財源が乏しい中での実施であった。そのため財政赤字をより大きく拡大することにつながった。この財政赤字はレーガン大統領の次のブッシュ政権（ジョージ.H.W.ブッシュ大統領1989－1993）でも解決できず，その後も続いた。

　　　減税政策→歳入の不足→財政赤字拡大

（２）高金利政策

　当時のアメリカ経済は停滞していた。通常は経済が不況にあれば低金利政策がとられるが，レーガン政権は全く逆の高金利政策をとった。停滞ゆえに国内には，経済を活況化させるための資金が乏しかった。低金利に誘導して企業が資金を借り入れやすくしようと努力しても，銀行に資金がなければ融資ができない。この逆説的政策の目的の１つは，アメリカ内の高金利により海外の資金をアメリカ内に流れ込ませることにある。なぜならば，海外企業などにとって資金を自国の低金利で運用するよりもアメリカの高金利で運用するほうが有利と考えるからだ。そのために，アメリカに資金が流入し，アメリカ内の欠乏していた資金事情が変わり，金融機関から企業への融資がスムーズになった。その資金を利用して企業は積極的な行動をとることができるようになった。

　このようなケインズ政策とは異なる政策をとったレーガン政権のもと，アメリカ経済は好況を呈し，1984年（昭和59年）には経済成長率が６％を大きく上回った。レーガン大統領のレーガノミクスは成功をおさめたと評価された。

　しかしながら，経済政策は両刃の剣の性格を持つ。すべて良い面のみ現れるわけではない。レーガン大統領のとった２つの政策はアメリカ経済に対してプラスだけでなくデメリットも持ち合わせていた。問題点をあげてみよう。

［高金利政策の問題点］

確かに高金利政策は外国からアメリカ内への資金の流入を促した。しかし，諸外国からアメリカ内の債券を購入したり，預金をしたりするには各国の通貨建てでは行えない。当然一度米ドルに換金しなければならない。ドルに換金するということは各国通貨でドルを買うということを意味する。需要と供給の関係から，限られたモノに対して多くの需要が発生すればモノの価格は上昇する。ここでは，ドルへの需要が発生したので，ドルの価格が上昇した。いわゆるドル高である。例えば，日本に対しては，ドル高円安となった。円安であれば日本の生産物はアメリカにとって割安となるため，日本からアメリカへの輸出が増加し，日本は継続的対米貿易黒字になった。アメリカにとっては対日貿易赤字である。このように，アメリカの高金利政策はアメリカに貿易赤字をもたらすこととなった。これが日米の貿易摩擦問題の根底である。これを財政赤字と合わせて双子の赤字と呼ぶ。

$$\boxed{アメリカの高金利政策} \rightarrow \boxed{ドル高円安}$$
$$\rightarrow \boxed{アメリカは貿易赤字and日本は貿易黒字}$$

ロナルド・レーガン大統領[22] ロナルド・レーガンは第40代アメリカ大統領である。二度にわたる石油危機，不況なのに物価が上がるスタグフレーション，大幅な財政赤字とアメリカ経済は低迷していた。1980年当初，実質GNP成長率はマイナス0.2％を記録し，個人消費支出もマイナス0.2％，民間設備投資マイナス2.6％，民間住宅投資マイナス19.8％と，主要内需項目が軒並みマイナス幅を記録していた。消費者物価上昇率も，1979年の11.0％を経て，対前年比13.5％の2年連続二桁上昇を示し，この数値は世界同時恐慌時1974年の11.0％を大幅に上回るものであった。失業率が1979年の5.8％からさらに上昇し，1980年には7.1％の高率となり，労働生産性上昇率が前年比マイナス0.5％を記録し，民主党政権に対する強い不振が渦巻いた。深刻さを極めたスタグフレーションと併せて，アメリカの「二大病弊」として国民に重苦しい不安を投げかけていた。そのような中，レーガン大統領が登場し，経済政策として減税，高金利政策，規制緩和などを実行した。レーガノミクスといわれる市場原理重視の手法で立て直した。経済政策の名づけ方も見事であった。アベノミクスはこ

れにならって名づけられた。

アメリカ財政赤字のその後　1960年代にベトナム戦争に介入して以来，アメリカ
は財政赤字に苦しめられ続けた。戦費が膨大であり，その負担が重くのしか
かっていた。政府の収入より支出のほうが多い状態が続いた。1992年度にはそ
の赤字額が2,904億ドルにも達してしまった。

　ところが，景気が拡大したことと，冷戦によって防衛費が減ったことから，
その後赤字が減り続け，クリントン政権の1998年には700億ドルと黒字に転換
した。黒字は増え続け，2000年の大統領選挙ではこの黒字を何に使うかが政策
の争点となった。

　戦争は避けるべきであることがわかる。

第9章　1990年代のアメリカ[23]

1　H.W. ブッシュ政権

　湾岸戦争も相まって深刻化していった1990年代の不況局面は，「ホワイトカラーリセッション」とも呼ばれた。銀行・不動産・流通等サービス産業が本格的な雇用調整に直面し，まさに中流階級の生活が脅かされつつあった。それは，1989年第41代大統領に就任したH.W. ブッシュによって引き継がれたレーガノミクスの帰結といって差し支えなかった。

　この景気落ち込みの主要因は，底を打ったと囁かれつつも，景気が順調な軌道に戻るのを妨げていた，冷却された消費者マインドであった。なぜならば，消費者こそ二大需要項目（住宅・自動車）の主要購買層だからであった。

　1990年秋，アメリカ国民の「自信回復」の機運とは裏腹に，景気後退を明示する経済指標がますます増え続けていった。鉱工業生産指数（87年＝100）は10月109.9，11月108.3，12月107.2と目に見えて減少し，設備稼働率は10月83.6，12月79.4と著しい低下を示した。さらに金融緩和の効果が全く期待に反した。

　FRBが1990年度に3回，1991年度にさらに3回公定歩合をたて続けに引き下げ，当初の7％から3.5％にまで低下させたにもかかわらず，民間国内総投資は，1990年第4四半期に6,966億ドル，1991年第1四半期6,570億ドル，第2四半期6,563億ドルと一気に下降路線をたどっていった[24]。

　1982年以来，平和時で最長といわれる92ヵ月間に及ぶ景気拡大期を経た後，1990年7月アメリカ経済は景気後退入りし，実質経済成長率は前期比年率で

図表9-1　1990年，1991年のアメリカ主要経済指標

（対前期比：%）

	90-ⅱ	ⅲ	ⅳ	92-ⅰ	ⅱ	ⅲ	ⅳ
実質GDP伸び率	1.7	1.2	0.6	2.9	1.5	3.9	4.8
個人消費支出	2.0	1.5	0.3	5.1	−0.1	3.7	4.8
民間設備投資	−3.1	−3.4	−5.2	3.0	16.1	1.9	9.9
住宅投資	7.0	14.4	11.3	20.1	12.6	0.8	26.1
民間在庫	−20.4	0.6	7.5	−12.6	7.8	20.2	−
政府支出	0.2	−2.3	−3.0	1.7	−1.2	3.3	−
輸出	16.6	6.2	13.3	2.9	−1.4	9.4	−
輸入	15.6	17.1	4.2	3.5	14.7	12.8	−
GDPデフレータ	117.5	118.2	118.9	119.8	120.6	121.1	
労働生産性	0.3	0.5	0.6	1.0	0.5	−	

出所：米国国務省　Survey of Current Businessおよび政府印刷局Economic Indicatorsより抜粋。

1990年第4四半期にマイナス1.6%，1991年第1四半期にマイナス2.8%と2期マイナス成長を記録した。1991年第2四半期もマイナス0.5%と深刻な状況を呈した。

　1992年は各四半期とも辛うじてマイナス成長は免れ，リセッション状態から一応の脱出はなしえたものの，その回復力は貧弱で過去のような勢いはなかった。これは雇用の伸び悩みから来る個人消費の低迷が大きな要因としてあげられる。個人消費が抑えられた理由ひとつ取ってもその背後にはレーガン政権以来積み重ねられた構造的問題，すなわち失業・沈滞した生産性・所得不平等の拡大・高金利等々が存在した。

　1990年10月以降，製造業設備稼働率を見ると，90年11月80.7%を最後に翌12月79.4%と80%の大台を割り，以後1991年11月まで13ヵ月にわたって70%台の低率で推移し続けた。とりわけ自動車・鉄鋼・衣類産業の操業度が極端に低くなった。さらに銀行の「クレジットクランチ」の影響を大きく受けていると思われる民間住宅着工件数は，1990年5月以降120万8,000戸台（年率）に落ち込み，

1990年12月以降113万戸台から97万1,000戸台（年率）に大幅ダウンして，1991年12月やや回復を見たものの110万3,000戸台と不振を更新し続けていった。

H.W. ブッシュ大統領　H.W. ブッシュ大統領時の経済は，まるで輝かしいレーガノミクスの負の置き土産の様相である。経済では好況不況が交互にやってくる。レーガン大統領がその良いところを持っていき，悪いところがH.W. ブッシュ大統領に残された。その数々の問題を解決しきれなかったため大統領の再選の選挙で敗れてしまった。再選を果たすには，国民に評価される実績が必要であろう。

2　クリントン政権の評価

　ウィリアム・ジェファーソン・クリントン大統領は就任当時，1993年2月の経済政策演説の中で，アメリカ国民に財政赤字削減の必要性を強く訴え，今行動しなければ10年後の財政赤字は年6,350億ドルと当時の2倍に増えると警告しつつ，増税と歳出削減を柱とする赤字削減計画の実行の意思を明確にした。ただし，ホワイトハウスが演説前に配布した政策資料には，過去二番目の規模となる「4年間で2,420億ドル」という大増税計画がうたわれていたにもかかわらず，株式相場を配慮してか，演説の中では大統領はその具体的な増税規模に言及せず，赤字削減目標も曖昧にした[25]。

　しかし，この演説により，アメリカが「痛み」を伴いながらもレーガン・ブッシュ時代の借金漬け経済から積極的に脱却を目指す意思を明らかにしたこととなった。これを受けてアメリカの債券市場では30年物国債金利が当時としては珍しく7%を割って1977年発足以来の最低水準に低下し，市場がインフレ抑制効果への期待感を強めたことをはっきりと示した[26]。

　アメリカ経済の再建というクリントン政権の最終目標の前に「国民の痛み」を伴うこの政策は，中間所得層の活性化，消費主導型から投資主導型経済への体質転換，アメリカ企業の国際競争力の強化という，困難な課題を同時に乗り越えて初めて意義を持ちうるものだった。しかし，中間層の減税を公約したに

もかかわらずこれを見送ったばかりか，幅広い新エネルギー税等を増税の対象
とした。社会保障給付金への課税強化案や最重点の雇用対策も人きな壁に阻ま
れ，新政権は早々とジレンマに陥った。

　その後アメリカ経済は不透明さをはらみながら，決して急速とはいえないま
でも，徐々に回復基調となり，長期金利が順調に低下して「インフレ・長期金
利上昇」懸念の払拭が投資環境を改善し，当時のアメリカの経済政策に関して
「選択」の余地を与えたことは一応の評価に値するものだった。

3　1990年代の好調要因

　アメリカの失業率については1997年7月には5％を切り，その後4％台前半
まで下がった。失業率が日本と逆転してしまったほどである。

　経済成長率も次のような推移をたどった（**図表9－2**参照）。

　あの低迷していたアメリカ経済がなぜ回復してきたのか。その最大の理由の
1つは，情報化の進展であった。1991年以前はソ連を中心とした共産圏とアメ
リカを中心とした西側が鋭く対立していた冷戦時代であり，アメリカはソ連に
負けじと軍事技術を磨いていた。しかし，1991年のソ連崩壊とともにその冷戦
構造が崩れ，軍事技術を冷戦時代ほど秘密にしておく必要がなくなった。その
結果，インターネットなどの情報技術を中心とした軍事技術が民間に転用され，

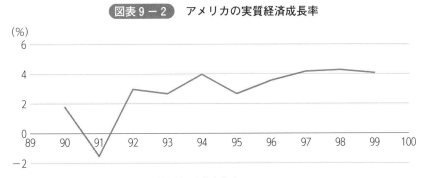

図表9－2　アメリカの実質経済成長率

出所：「経済統計年鑑2000」東洋経済新報社より筆者作成。

アメリカ経済にIT革命をもたらした。

　かつてコンピュータの利用といえば，大型コンピュータが中心だったこともあり，コンピュータの利用は一部の組織や企業に限られていた。しかし，冷戦終結後は，パソコン技術の向上が目覚しく，その普及とともに，組織・企業のみならず，一般家庭にもコンピュータが入り込むようになった。政府，企業，教育機関，そして家庭とパソコンの普及速度は早く，それらによるインターネットの利用も目覚ましいものだった。このように情報技術の進展の流れをつくり出し，しかもその後も先頭に立ち，他国を引っ張り続けたのがアメリカ経済だった。

　アメリカの好況のもう1つの成功の理由は，旺盛な個人消費にあった。アメリカの「買う力」の力強さは相当なものだった。1991年以降，景気拡大とともに個人消費は伸び続け，その伸びは平均年3％だった。このように消費を伸ばしたのは株価の上昇だった。株価が上昇するため個人は貯蓄だけでなく，株での資産運用を図り，その収益で消費を行った。いわゆる株価の資産効果（＝資産が増えると消費が増えるという理論），つまり「消費への金融資産効果」が働いた。

アメリカの株価　平均株価（ダウ工業株30種平均株価指数）は94年4,000ドル，96年6,000ドル，99年1万ドルを越えた。ただし，2000年になってからは，FRB

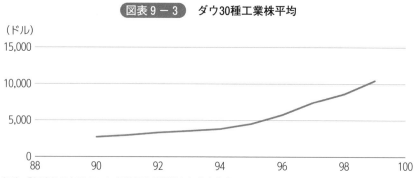

図表9－3　ダウ30種工業株平均

出所：「経済統計年鑑2000」東洋経済新報社より筆者作成。

の引き締め策もあり，１万ドルを割る事態も発生した。

ビル・クリントン大統領　ビル・クリントン第42代アメリカ大統領（1993－2001
年）である。前政権を引き継いだときは3,400億ドルの財政赤字だったが，財
政赤字をなくすための財政調整法を上院１票差で通して以来，市場がその姿勢
を高く評価した。長期金利が低水準で推移し，お金の循環が良くなった。1999
年には財政黒字になった。「より小さな政府でもより強力な国家が築ける」と
いう姿勢だった。

金融資産効果　アメリカでは，株価の上昇が消費に結びつく。消費に対する金融
資産効果が働いている。金融市場から実物市場にお金が流れるといえる。だが
日本の場合，銀行預金などが多く，資産が増えてもまた貯蓄という循環となる。
日本人は損失回避が強く，（消費をしたり株で損をして）資産が減少すること
に不安があり貯め続ける。この消極的な「欲」と同じ日本人でも株が値上がり
したらまた株を買うという儲けようとする「欲」，この２つの「欲」が壁になり，
金融市場から実物市場へお金が流れない。

4　市場経済への強い姿勢

　1990年代のIT革命を成功させたアメリカ経済の成功の理由はもう１つある。
こちらが欠けていたら成功はなかったであろうと思われる重要なことである。
それは，経済への市場原理の本格的導入だった。IT時代になぜ市場原理が必
要だったかというと，ITを活用できる新しい市場が生み出され，それが次の
ITの進歩を生むという好循環を生み出すからである。

　1980年代後半，アメリカはまさにバブル崩壊後の日本のように，不良債権の
処理で悩み，財政赤字で悩んでいた。しかし，冷戦が終結し，IT革命が起き
るとそれを後押しするために，政府の規制がどんどん緩められ，市場原理が導
入された。金融の規制緩和をはじめとし，産業界に競争力をつけさせるための
市場原理主義政策が次々に取られた。上手くIT革命と市場原理がかみ合った
のである。その結果，アメリカ経済は驚異的な好景気を続けることができた。

　アメリカ経済のこの好調さのため，これまで増え続ける一方であった財政赤字は7年間も続けて減り続けた。アメリカ経済を悩ませてきた財政赤字問題の解消というのは画期的な成果であった。まさに財政赤字を解消した日本のバブル経済のときのようであった。

ニューエコノミー論　そのころ登場した経済学の一理論がニューエコノミー論であった。アメリカ経済は情報技術の取り入れに成功し，またグローバル化にも成功したため，急速に生産性が上昇した。生産，販売，製品開発，在庫管理のどの分野でも生産性が飛躍的に上昇した。

　景気が良くなるとインフレが発生して景気の上昇は頭打ちになるはずだったが，インフレの物価上昇率よりも生産性の伸びのほうが高いため，景気は落ち込むことなく，経済は継続的に成長し続けた。ニューエコノミー論はその状況がその後も続きうるという考え方だった。

5　当時アメリカは後追い経済だった

　アメリカ経済にも大きな落とし穴があった。1990年代アメリカの株式市場は上昇の一途を続けた。バブルであるといわれたが，バブルが破裂しないまま2000年まで至った。株価が実体経済の価値以上に値上がりし続けてきたので，いつバブルが破裂してもおかしくなかった。アメリカ経済の特徴とその危うさがそこにあった。

　株価は企業の評価である。企業にはその実力以上の株価をつけられていた。企業の価値が過大評価されたわけである。同時に信用も過大に評価された。企業は信用の大きさによって調達できる資金の額が違う。アメリカの企業は過大に評価された信用に基づいてお金を調達した。普通であれば，債券などを発行して高い評価でお金を調達するにあたり，それに応じた業績も伴わなければならないはずである。企業の信用が過大に評価されているのだったら，調達しすぎということになってしまう。

　しかし，アメリカでは違った。その後企業が成長し，その信用に追いついた

のである。つまりお金を返せる規模にあとからなっていった。株価や信用が先に高まり，後追いをしてそれに企業価値が追いつけたのがアメリカ企業の1990年代の特徴だった。ITの発展により生産性が伸び，そして売上も伸びた。つまり，ITイノベーションのお陰で消費者，企業の「買う力」が追いついていった。このことにより，企業が先に評価された高い水準の株価や信用に実体経済があとから追いつけたというのが，アメリカ経済の1990年代のバブルが長い間崩壊しなかった理由であった。このようにアメリカ経済の特徴は後追い経済の成功だった。

第10章　G.W. ブッシュ政権（2001－2009年）

　2000年の大統領選挙で当選したG.W. ブッシュ政権の発足は2001年だった。民主党のクリントン政権2期の後を担った。ブッシュ政権発足直後の2001年9月に9.11が起こり，テロとの戦いを掲げて戦争に巻き込まれていく運命をたどった。結局，ブッシュ政権はこの対テロ戦争に関わって，日本人にとってどのような経済政策がなされたのかあまり記憶に残っていない。だが，ブッシュ政権ならではのコンセプトを持ち経済政策を実行していた。

　まず，ブッシュ政権時の経済の動向を見るため，その間の失業率の推移を見てみよう（**図表10－1**）。

　2001年時の大統領就任時には4.7％の失業率だった。それが一時高まったものの，2006年時には4.6％に戻した。一見政策が成功したように見えたが，2008年のリーマン・ショックによって，再び失業者が増え，5.8％まで跳ね上がってしまった。経済政策面で一時功を奏したものの，結局経済を悪化させて

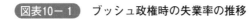

図表10－1　ブッシュ政権時の失業率の推移

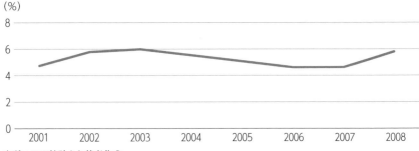

出所：IMF統計より筆者作成。

終わってしまったという特徴が読み取れる。

　本章では，その経済政策の面を論じよう。保守派の共和党の経済政策のコンセプトは小さい政府であり，減税を柱に据えると同時に均衡財政の達成を目指すことである。市場の力を活用して経済を動かしていくサプライサイド経済学の考え方である。戦争や対テロ政策に明け暮れたように見えるブッシュ政権の経済政策もこのコンセプトに立脚していた。2017年から始まったトランプ政権は，共和党政権と言いつつも，信念としてではなく票や人気稼ぎのための小さな政府の主張だった。しかも大きな政府の考え方も取り入れていたので，レーガン大統領に始まった共和党政権のサプライサイド経済学の正統な実行者はこのブッシュ政権までであったといえよう。

1　減税ラッシュ[27]

　ブッシュ政権の前のクリントン政権では，経済を盛り返し，財政が黒字化した。ブッシュ大統領のスローガンは，保守派の持っているスローガンであり「財政黒字分を国民に還元しよう」というものだった。クリントン政権時代に達成した財政黒字に対して，その使途についてはいくつかの論争が行われてきた。クリントン大統領は社会保障年金に使うべきだと主張した。民主党などのリベラル派の人たちは福祉などの民生支出に使うべきだと主張した。これらの見解に対して，サプライサイド経済学の小さな政府の立場に立つブッシュ大統領の保守派は減税を主張していた。

　かくして，ブッシュ政権第1期，第2期の経済政策で最も力を入れた政策の1つは減税であった。まず就任直後，10年間の時限立法である「経済成長・減税リコンシリェーション法」を成立させた。その内容は，10年間で1兆3,500億ドルの減税を行うというものだった。

　この減税の目玉は個人所得税の減税であった。高所得者および低所得者に対して手厚い減税を行う内容であった。高所得者に対しては，39.6％の税率が2010年までを期限として35％に引き下げられた。また低所得者層に対しては，

それまで最低税率が15%であったが，新たに10%という低い税率水準が設定された。

　企業，投資家に対しても減税が行われた。2002年には法人所得税の中に加速度償却制度（＝法律で定められた耐用年数よりも償却期間を短くしてよいということ）を雇用創出・勤労者支援法に盛り込んだ。2003年には金融所得税に関して配当減税，キャピタルゲイン減税を経済成長・減税リコンシリェーション法に盛り込んだ。次々にそうした法人税，金融所得税の減税が行われた。個人所得税だけでなく，法人所得税，金融所得税においても大胆な減税を断行した。ブッシュ政権第1期におけるこれらの減税が経済政策として大きな成功を収めたことが，2003－2007年頃までの失業率の低下に見て取れる。

　2004年の大統領選挙でブッシュ大統領は再選を果たし，政権第2期においては勢いに乗り，第1期に時限立法で行った減税を恒久化させようと図った。個人所得税の減税も期限が2010年まで，金融所得税の配当減税とキャピタルゲイン減税も期限が2008年までと決まっていたからである。2期目のブッシュ政権はこれらの期限をなくし，恒久化させることに主眼を置いた。

　だが，次第にブッシュ政権も終わりに近づき力を失い，それに伴って民主党の抵抗も強くなってきた。そのためブッシュ政権の目指した恒久化の実現は難しくなった。結局，個人所得税の減税期限の2010年を延長しない代わりに，金融所得税の配当減税とキャピタルゲイン減税の期限を2010年まで2年延ばす程度で落ち着いた。2期目には，再選直後に大きな構想を打ち立てたものの，画期的な減税政策を実行に移すことができなかった。

2　TPP[28]

　自由貿易協定をFTA（Free Trade Agreement）と呼ぶ。ブッシュ大統領もこのFTAを推進しようとした。FTAは2ヵ国以上の貿易協定であるが，当時は少数の国の間での貿易協定を結ぶのが大半であった。アメリカが実際に行ったのは小国とのFTAが多く，大きな成果は見られなかった。理由としては，

アメリカが国内の農業に多額の補助金を出して農業を守りつつ他国と交渉をするため，相手国にとっては納得のいく交渉ができなかったからである。

　ブッシュ政権での自由貿易の推進が全くなかったのかというとそうではない。ブッシュ政権時に，のちにトランプ大統領が離脱したTPP（Trans-Pacific Partnership Agreement：環太平洋パートナーシップ協定）へのアメリカの関わりが始まったからである。いまや11ヵ国が参加しているTPPの構想は当初環太平洋のシンガポール，ブルネイ，チリ，ニュージーランドの４ヵ国が経済連携協定として2006年に始めたものである。2008年，この協定の交渉国としてアメリカが加わった。ただし，ブッシュ政権時には交渉国となったに過ぎなかった。今述べたように，TPPはその後，（アメリカを除いた）TPP11として成立したが，実はアメリカは最初の交渉国として，日本などの他国を誘いながら交渉を始めていた。この点でブッシュ政権の役割は大きかったように思われる（＝ただし，日本はこのときは交渉に加わらなかった）。アメリカはTPPを嫌っているような印象を持たれているが，ブッシュ大統領は非常に前向きな姿勢だった。TPPの交渉はその後のオバマ政権に引き継がれた。

3　軍事予算

　2001年の9.11に直面したブッシュ政権では，その後本格的に対テロの方針がとられ，イラク戦争などに積極的に介入した。その結果，軍事予算が増加することとなった。これもブッシュ政権の支出の特徴の１つであった。河音琢郎（2008）にその額の推移がまとめられている（**図表10−2**）。

　ブッシュ政権時には軍事費が増大した。2000年には100億ドルを切っていた軍事予算が，2007年にはほぼ1,000億ドルと10倍以上に膨れ上がった。イラク戦争への支出だけでなく，対アフガニスタン戦争の予算も増加していった。内訳では，対イラク戦争分が突出しており，2007年分は対イラク戦争が1,336億ドル，対アフガニスタン戦争分が369億ドルだった。対アフガニスタン戦争でさえも膨大なのに，対イラク戦争にはその３倍以上の支出を行っていた。

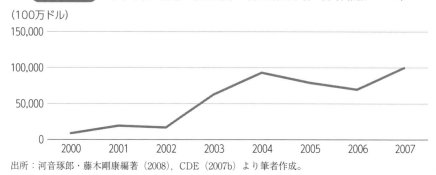

図表10－2 軍事予算の推移（立法額） 補正歳出予算（予算権限ベース）

出所：河音琢郎・藤木剛康編著（2008），CDE（2007b）より筆者作成。

　河音琢郎（2008）によれば，こうした戦費以外の軍事支出も増加したという。2003年次は3,240億ドルだったそれが，2008年次には5,128億ドルにまで増加した。ブッシュ政権時の総額は膨大化したといえる。

　かくして，ブッシュ政権では，一方で積極的な減税を行ったが，他方で軍事費が増大化していった。これでは財政が赤字になるのは必然である。クリントン政権時に財政は一時黒字化したが，軍事費だけでなく民生費も増加していったので，その財政赤字はより一層大きくなっていった。

戦争は財政を苦しくさせる　9.11の後にイラクに大量兵器があるという口実をつくり，アメリカはイラクに攻め込んだ。そして，フセイン政権を倒した。だが，本当のイラクとの戦争はそこからであった。戦争は国民を発意高揚させ政権の維持にはプラスに働くが，戦費，軍事費が膨大化し，クリントン政権時の財政の黒字を消し去ったばかりでなく，赤字化させてしまった。かつての日本の鎌倉時代，および豊臣秀吉時代にも，戦いに勝っても分け与える土地がないという時代があった。侵略を主としなかったイラク戦争の場合，石油利権の獲得という目的はあったにせよ，アメリカにとって経済的には得るものの少ない戦争であった。外交よりも戦争での解決を選ぶことについては，いかに評価すべきであろう。

4　産業政策[29]

　産業政策はアメリカの各政権にとって最も重要な政策の1つである。だが，1期目のブッシュ政権では，テロとの戦いに主眼が置かれたため，産業政策に対して体系的な政策を打ち出せなかった。産業政策に力を入れられたのは，テロとの戦いが落ち着いてきた第2期のブッシュ政権においてであった。そこでは「アメリカ・イノベーションの世代」というコンセプトを明確化させた。林幸秀（2011）によれば，「米国競争力イニシアティブ」（2006年，大統領府）では，NSF（米国衛生基金），DOE（米国エネルギー省）等の基礎研究予算を10年間で倍増し，企業への研究開発減税の恒久化を図った。また，「米国競争力法（The America COMPETS Act)」（2007年）では，基礎研究関係機関（NSF，NIST, DOE/OS）の予算増額，理数系教育の強化等を行うとともに，エネルギー省に高等研究計画局（ARPA-E：予算が付いたのはオバマ政権時）を新設した。この競争力法の中で，中国などの他国に負けないよう，科学技術に大きな投資を図る方針が示された。新しいイノベーションを呼び起こすこと，イノベーションが起こる環境を創造することに主眼を置いた。

5　リーマン・ショック[30]

　本題に入る前に，まず，サブプライムという言葉を説明しよう。プライムは所得のしっかりしている優良客を指すのに対して，サブプライムはそれよりも下位の層（低所得者層）を指す。その人たちを対象とした住宅ローンをサブプライムローンと呼ぶ。

　アメリカでは，2001年から2006年頃まで住宅価格が上昇し，住宅バブルの様相を呈していた。低所得者層にも多くの住宅ローンの貸付が行われた。サブプライムローンである。このローンの特徴は，最初の返済額は少ないが途中から返済額が跳ね上がるというものであった。低所得者層にとっては最初の返済額

が低額だったため借りやすかった。しかし，一定の期間を過ぎるとその額が大幅に増える（負担が急激に増える）危険をはらんだローンでもあった。

　だがそれには安心できる根拠があった。所得に合わないサブプライムローンを低所得者が借りていたとしても，当時のアメリカは住宅価格が上昇していたので，もし返済できなくなったとしても担保としていた住宅を売却すれば，貸し手も貸付金は回収できる。社会にそういう安心感があった。そのため，サブプライムローンのリスクは軽視されていた。

　アメリカで特徴的なのは，こうしたサブプライムローンなどが証券化されて販売されることであり，しかも，その証券が他のローンなどと混ぜ合わされて商品化され（＝証券化され），販売されているということであった。複雑に混ぜ合わされたため，その金融商品を買った人はその中身が全くわからない。

　2007年に住宅価格が下落した。それがローンの返済額が急激に上がる時期ということも相まって，サブプライムローンを借りていた低所得者層で月々の返済ができなくなったうえに，住宅価格の下落により担保を高額で売却できなくなってしまった。つまり，サブプライムローンが不良債権化した。これによって，サブプライムローンが埋め込まれていた金融商品の価格が下落したり，価値を失い，アメリカ経済が混乱状態に陥った。サブプライムローン関係の商品を多く扱っていた全米4位の証券会社のリーマン・ブラザーズが多くの負債を抱えてしまった。日本円に換算して63兆円の膨大な負債であった。当初は政府も助けることを検討したが，あまりにも巨額の負債のためリーマン・ブラザーズの救済を断念した。その結果，2008年リーマン・ブラザーズが破綻した。経済への悪影響が大きいと認識しつつブッシュ政権はリーマン・ブラザーズの破綻を容認したということになる。

　リーマン・ブラザーズの破綻は，サブプライムローンを含んだ商品の破綻であり，そこに含まれていた優良な証券も共倒れになってしまった。このリーマン・ブラザーズの破綻により，さまざまなものを金融商品化して売買し「お金がお金を生み出す」構造が出来上がっていたアメリカ経済は大きな打撃を被った。アメリカ経済のみならず，世界経済に大きく影響し，世界の経済の停滞を

深刻化させてしまった。これがリーマン・ショックである。

　ブッシュ政権がリーマン・ブラザーズの破綻を容認したことが世界経済を破綻させたということか，または加熱した金融バブルを調整したということかは，歴史の評価に委ねられる。

ブッシュ政権の総括　共和党政権の特徴である小さな政府の政策の実行に力を入れた。その象徴が個人所得税，法人所得税，金融所得税などのいくつもの減税だった。だが大幅な減税の実施とともに，軍事費の大幅な増加により，ブッシュ政権はクリントン政権の財政黒字を財政赤字状態にしてしまった。プライマリーバランスといって政府の歳入と歳出を同じくする水準があるが，それを通り越して大幅な財政赤字の状態をつくってしまったのである。しかも，リーマン・ショックの追い打ちでアメリカ経済は混とんとしてしまい，こうした財政赤字はその後の経済の足かせとなった。

第11章 オバマ政権 (2009－2017年)

1 失業率

2009年に誕生したオバマ政権時はリーマン・ショックの直後であり，失業率も高く深刻な不況であった。IMFの統計で失業率の推移を見てみよう（**図表11－1**）。ブッシュ政権下の2008年に5.8％だった失業率は2009年9.2％に跳ね上がった。

この推移を見てみると，リーマン・ショック後の高失業率を約5％（2016年4.8％）にまで低下させている。これは2001年のブッシュ政権発足時，および2007年（リーマン・ショックの発生前）の水準である。オバマ政権はリーマン・ショック後に落ち込んだ経済状況を元に回復させたということがいえよう。

本章では，このオバマ政権の経済政策に焦点を当てる。まずはリーマン・ショック後の不況からの復興が課題となり，その復興を実現させた内容を見て

図表11－1 オバマ政権時の失業率の推移

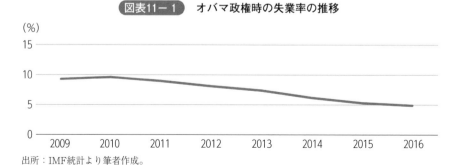

出所：IMF統計より筆者作成。

みることにしよう。

2　オバマ政権の基本的理念[31]

　いまやアメリカ経済といえば経済格差の大きさがその特徴となっている。その格差の幅を狭めようとしたのがオバマ政権であった。オバマ政権の理念は「中間層重視の経済学」であった。

　中本悟（2016）によれば，1980年の中所得者は全体の59％であったが，2011年には51％というように，中所得者層が次第に少なくなり，高所得者，低所得者の割合が増した。高所得者層は3％が8％となり，低所得者層が17％から20％とそれぞれ増えた。このほかに，低中所得者層，高中所得者層という分類があるが，前者は9％，後者は12％と，この両者のシェアは30年間変わっていない。つまり，中所得者層のみ衰退し，高所得者層と低所得者層が増えたことになる。

　中所得者層の衰退原因の第一は住宅価格の下落である。中所得者層の財産で大きな割合を占めるのは住宅であった。2006年頃より住宅価格が低下し，その結果として資産が目減りしてしまった。第二に，グローバル大企業の出現で，生産性の高い企業が限られてきて，市場に競争力がなくなり，中間層の多くの人々の働く企業の生産性が低下したことがあげられる。それでは中間層の給与が低下してしまう。

3　復興法等[32]

　オバマ大統領は，就任早々，経済復興の方針を示した。いわゆる復興法（アメリカ復興・再投資法）である。2年間で350万人分の雇用を創出するというものであり，総額7,870億ドルという規模の積極財政政策であった。

　この大規模予算のうち，3分の1の2,880億ドルは減税である。個人所得税の減税や企業の投資促進のための減税を行った。また，その4分の1は公共投

資関連であった。オバマ大統領は，道路や橋などの基礎インフラ，風力タービン，ソーラーパネルなどのエネルギー関連の建設，ブロードバンドの敷設などの情報関係の充実などを中心として公共事業を行う方針を示した。残りの予算では，後述のオバマケアでの補助金などの民生費，教員の雇用維持のための教育関連費などとなっている。

4　金融対策[33]

　復興法以外に，オバマ政権は金融政策にも力を入れた。金融機関の不良債権処理のための公的資金注入費として約2兆ドルが設定された。いわゆる不良資産救済法である。この公的資金の注入によって金融機関は蘇ることとなった。2008年のリーマン・ショックで落ち込んでいたアメリカの金融業界であったが，この政策が功を奏し，2009年中に復活の兆しを見せた。2009年の7－9月期には実質経済成長率がプラスに転じた。この金融対策や復興法の積極財政政策によってオバマ大統領在任時の平均経済成長率は2.0％と高い水準を示すことができた。この間の年平均成長率はイギリス1.9％，ドイツ1.9％，フランス1.1％，日本1.4％，イタリアマイナス0.5％という数字だったので，先進国の中でもトップの水準であり，アメリカが世界の経済を引っ張ったといえよう。

5　減　税[34]

　減税は共和党の専売特許かというとそうではなく，オバマ政権でも実施された。

　まず富裕層に対してであるが，これについてオバマ政権はブッシュ政権の行った時限立法の富裕層への減税をいち早くやめたかった。だが，下院で多数を占める共和党の賛成を得られず，2010年からまた2年延長することになってしまった。この点については，オバマ政権は積極的実施というよりも，やむを得ず減税を実施したことになる。

他方，労働者に対しては新たに減税を実施することができた。残念なことは2011年に限っての１年間の措置であったことだが，労働者の給与の２％を減税した。これについては総額約1,120億ドルの減税規模となった。

6　オバマケア

オバマ政権での代表的政策にオバマケアがある。日本では，病院に行くときに保険証を持っていけば，たいていの人が実際にかかった医療費の３割（以下）負担で済む。これは，全国民が国民健康保険に加入し，国民健康保険料を納めているからである。しかし，アメリカの場合，こうした制度がなく，国民が任意に民間の保険会社の健康保険に加入していた。よって，低所得者層の人たちの加入率が中高所得者層よりも低く，その人たちは病気になったりけがをしたりしたときに十分な治療が受けられないという問題があった。

2010年，オバマ政権は，アフォーダブルケア法という法律を通した（＝実質的には2014年に機能を始めた）。これがいわゆるオバマケアである。国民の多くが健康保険に加入できるようにするための法律であった。低所得者層は保険料が高くて加入できない，慢性的な病を患っている人の加入を保険会社が拒否するなどのそれまでの問題を解決し，国民皆保険を目指した。

日本のように国が主導しての国民健康保険制度とは異なり，それまでの民間の健康保険に国民が加入しやすくする内容だった。国民側に対しては，低所得者層ならば，健康保険加入に際して補助金が受けられるようにした。保険会社側に対しては，低所得者層のために安い保険を提供すること，慢性病などがある人に対しても加入を拒否してはいけないということを定めた。

7　オバマケアの欠点

このオバマケアによって，国民皆保険が目指された。だが，国民は民間会社の保険を購入するわけであり，慢性病，持病がある人たちをも受け入れるとな

ると，保険会社もリスクヘッジをしなければならなくなる。つまり，保険料を下げるどころか，それ相応に高止まりさせておかないと経営が成り立たない。しかも，アメリカの場合，医療費は一度患者が立て替えて，後日保険会社が立替分を患者に支払う仕組みである。よって，低所得者層は高い保険料を支払ったうえ，高額の医療費を一度立て替えなければならない。病気やけがで病院に行きたくてもお金がなくて行けなくなってしまったという現象が生じた。このように必ずしも低所得者層のためになっていない部分もあった。

　また，それ以前に医療保険に加入していた人たちにも問題が生じた。オバマケアによって年間2,500ドルの保険料が引き下げられるとされていたが，実際にはそうなるどころか，逆に保険料が引き上げられてしまった。というのも，オバマケアの条件を満たすためには，保険会社は既存の保険の内容に新たな項目を付け加えなければならなくなり，それが保険料を上昇させた。これでは保険会社もオバマケアから撤退したくなるわけである。

　政府からの補助金にしてももともとは国民の税金である。オバマケアにお金がかかれば，増税せざるを得なくなる。トランプ大統領が，巨額の財政負担としてこの制度に反対した。そのため，トランプ大統領のもとで大幅な見直しが行われたが，撤廃はされていない。

第12章 トランプ政権（2017－2021年）

1 経済政策の概括

　共和党のドナルド・ジョン・トランプ（Donald John Trump，1946年6月14日）が第45代アメリカ合衆国大統領に就任したのは2017年1月20日であり，民主党のジョセフ・ロビネット・バイデン・ジュニア（Joseph Robinette Biden, Jr.，1942年11月20日）が次期大統領に就任する2021年1月20日までの1期4年間が任期である。トランプ大統領が打ち出した一連の経済政策は，トランプの強烈な個性と相まって，否定的な意見がメディアを席巻してきた一方，熱烈な支持者も多く存在した。トランプの就任時の年齢は70歳で歴代最高齢であった。また，政治家より以前は長く実業家として名を馳せており，トランプ大統領による経済政策は経営的な視点を多く持っていると評価される。しかしながら，これら一連の経済政策の実績について賛否両論がある。統計上の直接の数値では高く評価できるものの，複合的にそれを見返して再考する必要があろう。

（1）失業率で過去50年間の最低値を記録

　2019年9月には失業率をわずか3.5％にしており，これは過去50年間で最も少ない値である。**図表12-1**は2017年から2020年の4年間の16歳以上の失業率の推移を示している。これより前の2009年1月20日から2017年1月20日は民主党のバラク・フセイン・オバマ2世（Barack Hussein Obama II）が第56期，第57期にかけて第44代大統領を務めた期間である。

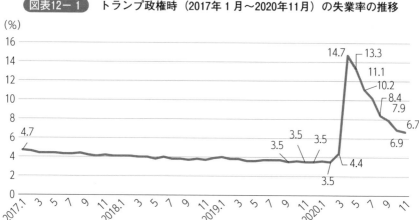

図表12－1　トランプ政権時（2017年1月～2020年11月）の失業率の推移

出所：U.S. BUREAU OF LABOR STATISTICS, Labor Force Statistics from the Current Population Surveyを参考に筆者作成。

　トランプ大統領は新型コロナウイルス感染症流行を受けて，2020年3月13日に最大500億ドルを財政出動させる国家非常事態を宣言した。以下では国家非常事態宣言後の失業率は，トランプ大統領による一連の経済政策とは別であるとして話をする。

　図表12－1のうち最低値は2019年9月，11月，12月，そして2020年2月の3.5％である。これらはいずれもトランプ大統領の時代の統計である。しかし，これをトランプ政権による実績とすることについては否定的見方もある。例えば，トランプ大統領が就任した2017年より以前から失業率は減少傾向を示していた。**図表12－1**の各月の失業率の推移をみると一貫して減少していることがわかるが，2019年9月に失業率3.5％を記録したのは以前からの傾向の流れであり，偶然にその時期にトランプ大統領が在任していたと考えるものである。この失業率の減少には，出生率の低下や団塊世代の引退により労働人口そのものが減少していたという要因も考えられる。いわば，雇用者数の増加とは違う要因で，失業率は低下したと考えるのである。

　事実，オバマ政権（第2期）は平均して年間約260万人もの雇用者を生み出したのに対して，トランプ政権発足後の3年間は平均して年間約220万人しか

雇用者を生み出すことができなかった。雇用者数の増加に着目したならば，トランプ政権はオバマ政権（第 2 期）よりも少ないことが指摘される。しかし，「最も少ない失業率を達成した」という実績のみに着目するならば，それはトランプ大統領が果たしたということに疑いはない。大統領職を担うにあたり運はつきものであり，善し悪しも受け入れなければならないからである。

　トランプ大統領は2020年以降，未曽有の新型コロナウイルス感染症流行への対策に追われることになる。詳細は後述するが，その対策は賛否両論に分かれるものであった。運悪く発生した新型コロナウイルスへの対策の失敗が大統領の責任であると考えるのであれば，運よく失業率最小を達成したことは大統領が果たした偉業と考えるのが自然であろう。

　トランプ大統領は政治経験がない中で政権を担ったことや，強い個性も相まって，賛否両論が多く取り沙汰されている。そのため運を実績と見なすかという考えの意味を込めて前置きをした。結論としては，2019年 9 月に「過去50年間で失業率最低値の3.5％を達成した」という実績を残している[35]。

（2）高い経済成長と双子の赤字[36]

　2018年の実質GDP成長率は2.84％と高い水準にある（**図表12－ 2** ）。そして，2018年から2020年までのダウ平均株価（終値）を見ると，安定して高い状態にある。2020年 2 月12日のダウ平均株価（終値）は29,551ドルとなっており，これは株価が示された当時は史上最高値であった。ただし，その後にコロナ禍により18,591ドルまで株価は急落するものの，徐々に持ち直し，株価の史上最高株価を更新した（**図表12－ 3** ）。

　トランプ政権においては，アメリカで“双子の赤字”と呼ばれる貿易赤字と財政赤字は一層増大した。トランプ大統領は，就任直後の予算教書において経済成長の加速だけでなく，財政を抑制することにより赤字を減らすことができると説明した。しかし，2018年の貿易収支による赤字額は8,803億ドルであり，これは過去最大である（**図表12－ 4** ）。トランプ大統領は貿易赤字を解消するため中国をはじめ各国製品に追加関税を課したが，アメリカの好景気が輸入を

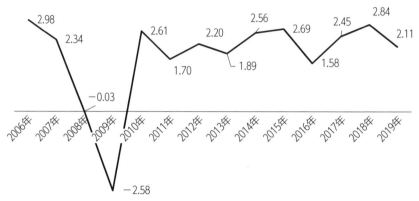

図表12-2 アメリカ合衆国における実質GDP成長率の推移（2006-2019年）

出所：THE WORLD BANK「実質GDP成長率推移」をもとに筆者作成。

図表12-3 ニューヨーク・ダウ平均株価（終値）推移（2007-2021年）

出所：投資の森「過去のNYダウ時系列データ」をもとに筆者作成。

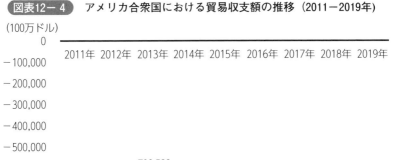

図表12－4　アメリカ合衆国における貿易収支額の推移（2011－2019年）

出所：JETRO「国・地域別情報　基礎的経済指標，米国」をもとに筆者作成。

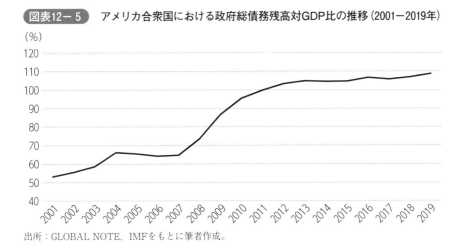

図表12－5　アメリカ合衆国における政府総債務残高対GDP比の推移（2001－2019年）

出所：GLOBAL NOTE，IMFをもとに筆者作成。

押し上げたと考えられる。また，財政赤字（政府債務）についても，財政拡張策により上昇する一方であり，政府総債務残高の対GDP比はいずれも増加する形であった（**図表12－5**）。財政拡張策が好景気を生み出し，それが輸入を促すことになり，結果として貿易収支も赤字になったと考えられる。

(3) トランプ大統領の経済政策における減税と規制緩和

　トランプ大統領の打ち出した主な経済政策として減税と規制緩和があげられる。ビジネスマン出身のトランプ大統領はこれまでの政治家と比較して雇用創出や利益創出に詳しいことが特徴である。また，公約を交渉術の1つとも考えており，例えば「法人税を35％から15％に引き下げる」というような過剰な数値目標はその1つであると考えられる。

1) 法人税率の低減

　税制の改正は，税とは経済活動に支障をきたすものであり，必要最低限にするのが良いという考えからきている。増税は生産性の高い企業から資金を取り上げ，生産性の低い企業に渡すことであり，減税は企業の経営を良い方向に刺激すると説明した。さらに，トランプ大統領は，法人税の減税はお金持ちを優遇するのではなく，労働者を救うことにつながると説明していた。結果として，法人税は2017年12月22日に35％から21％にまで引き下げられ，個人の所得税率についても2025年までの期限つきで引き下げられることになった。

　法人税の減税は他国からの資本流入を促した。世界の国々では，法人税は20から25％が一般的なのに対し，アメリカは35％もの税率を課していた。それが原因で起業家は他国で経営をするため，工場や雇用などの資本を流出させる結果につながっていた。法人税の減税はアメリカの資本を他国へ流出させないための政策だったのである。

　また，トランプ大統領は税率を低くする代わりに，課税対象は広くするのが良いと考えていた。アメリカ国内で税制措置が優遇される一部の法人にも課税する仕組みづくりにも着手した。法人が脱税したいと考える原因の1つは，不公平かつ複雑な税制度にあると考えたのである。仮に公平な税制度であるならば納めても構わないと考える企業は増え，シンプルな税制度であれば抜け道をなくすことができるからである。さらに，シンプルな制度にすることで，それにかける労力を節約することができ，内国歳入庁（IRS）の職員数を減らすこ

とができると考えていた。

2）規制緩和

　経済活動における規制は，環境保護や保全などの目的に寄与しているものもあるが，単に経済を阻害するだけのものもあるとトランプ大統領は考えていた。

　トランプ大統領は主に環境政策にかかる規制を緩和している。具体的には，石炭火力発電所からの二酸化炭素を規制するグリーンパワー計画を廃止する大統領令に署名している。また，環境保護庁（EPA）が定めていた自動車の燃費規準を緩和し，グローバル市場で自動車産業が競争に耐えられるようにした。アメリカはシェール革命により石油を自給できるようになり，2019年9月に70年ぶりに石油の純輸出国になっている。これを実現させた技術は大手の石油企業が保有していたのではなく，採掘業者と呼ばれる小規模な生産業者が持っていたノウハウであった。もしトランプ大統領が環境政策を推し進めていたならば，シェール革命は起こらなかったのではないだろうか。

　先に政策の功の部分を示したが，世界を混乱させるような政策も打ち出している。その1つがパリ協定（2015年）の脱退通知であろう。トランプ大統領は次に説明するアメリカ・ファーストを念頭に掲げており，環境政策を推し進めることで他国との経済競争に後れをとることを危惧していた。また，そもそも地球温暖化を根拠不十分と考えていることに加え，技術進歩を優先させることで環境問題を解決できると考えていた。そして，経済活動を規制する政策は，技術進歩を停滞させる要因と考えていたのである。

2　アメリカ・ファーストの政策[37]

　「アメリカは世界の警察官ではない」と発言したオバマ前大統領の宣言をさらに進める。アメリカはこれまで自国の発展と同時に世界の治安維持を目指してきたが，トランプ大統領はその方針を切り替えようとした。「自国ファースト」とも表現し，他国への干渉を控えるようにしたのである。なお，トランプ

大統領はアメリカだけでなく，すべての国が自国ファーストであるべきとも説明している。

　「アメリカ・ファースト」と聞くと，さも他国をつぶしてアメリカを立てようという印象を受けるが，必ずしもそれを意図していたわけではない。トランプ大統領はお互いの国が双方にメリットのあるWIN-WIN関係を考えており，片方（特にアメリカ）が不平等に負債を被る関係を拒否していた。そして，交渉の結果，自国に有利になるよう落ち着かせている。ビジネスにおいては自社のメリットが優先されるが，トランプ大統領はそれを国家間で行ってきたのである。

　トランプ大統領は政治家としてではなく，経営者として，最もアメリカにメリットのある政策を打ち出そうとしたと考えるとわかりやすい。なお，経営者が自社の私利私欲だけを求めて活動したならば，他企業から孤立した末に廃業に追い込まれることはいうまでもない。双方にメリットのある事業や政策を提示することが，経営者の能力の１つといえるであろう。トランプ大統領が舵を取ったアメリカは，営利追求の代わりに「強いアメリカ」をつくることを目的に行動した企業と考えたほうが理解しやすいかもしれない。

　ここではトランプ大統領がアメリカ・ファーストの理念のもとに行った政治的行動をいくつか例示する。アメリカは世界的に見て最も力の強い国の１つであり，そのような国が自国の利益だけを考えるということについては，各国だけでなくアメリカ国内からも否定的意見がある。なお，この理念に対して賛否を論じるつもりはなく，トランプ大統領の理念の根底にある考え方であり，打ち出された政策を理解するための下地として説明した。

（1）WHOの脱退表明[38]

　トランプ大統領は2020年７月７日にWHO（世界保健機関）の脱退を発表した。ただし，これは発表の段階の内容であり正式な脱退には至らないものの，世界を驚かせた発言である。その大きな理由は２つある。

　まず１つは，WHO任意拠出金の支出割合について，アメリカが群を抜いて

多かったことである。2018年から2019年予算においてアメリカが15.18％を占め，続くイギリスは7.91％，ドイツは5.33％，日本は2.59％になっている。自国ファーストを掲げるトランプ政権は，この負担割合を不平等として脱退を表明したのである。

　仮にアメリカを世界の警察としたならば，これは世界的に非難される表明であろう。しかし，自国の利益を追求する企業と考えた場合には合理的行動の1つともいえる。経済においてフリーライダー問題はつきものであり，それに不満を抱いて脱退する人を引き止めることは難しい。アメリカのような強大国が予算を多く負担することが果たして不平等に該当するかは定かでないが，WHOへの加盟に強制力がないため加盟国の脱退表明を阻むことはできない。

　トランプ大統領が脱退を宣言したもう1つの理由は，WHOの中国寄りの姿勢に不信感を抱いたことがあげられる。例えば，WHOのテドロス事務局長は新型コロナウイルスの流行を食い止めてきた中国の対応を称賛するほか，2020年1月に中国での感染者数が累計約600名に上り今後の感染拡大が懸念されたにもかかわらず，WHOは世界的な緊急事態宣言を見送った。また，アメリカが中国からの入国を禁止した際にも，WHOのテドロス事務局長は否定的な見解を述べたのである。

　トランプ大統領によるアメリカ・ファーストの理念と中国への不信感が相まって，2020年7月に脱退表明に至ったのである。

（2）米韓FTAの再交渉と妥結[39]

　2018年3月27日にトランプ政権は韓国・文在寅（ムン・ジェイン）政権との自由貿易協定（FTA）再交渉を3ヵ月という異例の早さで妥結させた。

　アメリカが韓国とFTAを締結したのが2012年であるが，アメリカの対韓貿易赤字は前年と比較して7割も多い229億ドルにも膨れ上がった。ウォン安により韓国からアメリカに安い自動車が流入してきているのが主な要因である。そのため，交渉では①アメリカ基準のまま韓国で販売できる米国車の枠を増やすこと，②韓国製ピックアップトラックの関税撤廃時期を2021年から2041年ま

で延長することなどが折り込まれた。

　この米韓FTAの再交渉はアメリカ優位で進められた。その背景には，アメリカが北朝鮮との境界に配備している兵の撤退を匂わせたことや，韓国製鉄鋼に25％の関税を課す予定であったがそれをなくすことを示唆したことなどがある。

　また，アメリカは，韓国が為替への介入を公にしていないことをよく思っておらず，為替条項の問題も勃発している。これについては両国間で意見が食い違い未解決であった。

（3）USMCAの成立[40]

　トランプ大統領は2020年1月29日にNAFTA（北米自由貿易協定）に代わるUSMCA（アメリカ・メキシコ・カナダ協定）に署名した。USMCAの目的は，アメリカが再び国内で自動車を多く製造するようにし，メキシコに流出した製造業の労働者を取り戻すことである。そのため，自動車のアメリカ輸出枠を設定（自由貿易を制限）する規定のほか，自動車産業における域内の部材調達率を上げることなどが内容に折り込まれている。ただし，これによって海外に流出した労働者をアメリカに戻す効果は期待できないという意見のほか，化石燃料業界に恩恵を与えるとする否定的な意見もある。

　後述するTPPの離脱，パリ協定（2015年）の離脱宣言とも関連するが，トランプ大統領はアメリカ国内に雇用を生み出すことが経済にとって重要と考えると同時に，地球温暖化に対して懐疑的であり，環境政策については否定的であった。そのため自動車産業を推し進めることでアメリカ経済をより強くしようと考える面が随所にみられる。

（4）TPPの離脱[41]

　TPP（環太平洋パートナーシップ）協定とは日本のほかアメリカ，カナダ，メキシコ，ペルー，チリ，オーストラリア，ニュージーランド，ベトナム，マレーシア，シンガポール，ブルネイの12ヵ国で構成されている経済連携協定であり，この12ヵ国で世界のGDPの4割を占める。当初，日本よりも先にアメ

リカがTPPへの参加を表明し，その後を追う形で日本も参加を表明した。TPPは合意した国家間で関税を撤廃し財やサービスを自由に行き来させるものである。日本にとって工業製品を輸出する際は有利に働く反面，安価な農産物などが大量に諸外国に輸入されてしまい，国内の第一次産業にとっては特に打撃だったからである。TPPに加盟することはメリットとデメリットがあるも，日本は加盟する立場をとった。

　トランプ大統領が途中になってTPP脱退を表明した理由は，労働力（雇用機会）が海外に流出し，それがメリット以上にデメリットをもたらすと考えたからである。関税が撤廃されれば，アメリカ企業からの輸出が伸びる計算になるものの，一方で国内企業が生産費をさらに下げようとして海外に工場を建設することを心配したのである。海外に工場が建設されれば，当然，現地の人が労働者として採用されることになる。トランプ大統領は国内に雇用を生み出すことを重要視したため，TPPを脱退するという結論に至ったとされる。

（5）パリ協定（2015年）の離脱宣言[42]

　パリ協定は，2015年12月にフランスのパリで開かれたCOP21（国連気候変動枠組条約第21回締約国会議）において，全世界約200ヵ国の合意で成立した。1997年の京都議定書を継ぎ，国際社会全体で温暖化対策を進めていく条約である。具体的には，地球の平均気温上昇を産業革命前と比較して，2℃上昇よりも十分に低く抑え，1.5℃未満に抑える取組を追求している。そして，気温上昇を2℃未満にするためには，2075年頃に脱炭素化する必要があり，努力目標である1.5℃に抑えるためには，2050年に脱炭素化していなければならない。地球温暖化を抑えるにあたり温室効果ガスの排出量を減らし，森林などによる吸収量を増やすことが重要であるとされる。

　アメリカは温室効果ガスの排出量が中国に次いで二番目に多い国であるが，トランプ大統領は2019年11月4日にパリ協定からの離脱を通知している（なお，本通知が正式に効力を持ったのは2020年11月4日（大統領選の翌日）であったため，後任のバイデン現大統領がパリ協定に再加盟している）。

　トランプ大統領がパリ協定から離脱を宣言した理由もアメリカ・ファースト
の理念から容易に説明がつく。温室効果ガスの排出を抑制すること自体が，自
動車産業などの重化学工業を中心に発展してきたアメリカ経済にとってデメ
リットであることに加え，パリ協定には途上国の気候変動対策を先進国が資金
援助する仕組みも存在する。つまり，先進国であるアメリカにとって，パリ協
定は経済を弱体化させる要因になりかねないのである。さらに補足するのであ
れば，トランプ大統領が地球温暖化現象について懐疑的なことも要因の1つに
あげられるであろう。

　いずれにしても，パリ協定からアメリカが離脱するのは国際社会における事
件であり，菅義偉元内閣総理大臣（当時，官房長官）も非常に残念であると発
言していた。

（6）メキシコとの国境に壁建設[43]

　アメリカとメキシコとの国境はカリフォルニア州，アリゾナ州，ニューメキ
シコ州，テキサス州に接する約2,000マイル（約3,100km）であり，トランプ大
統領はここに壁（トランプ大統領は「偉大な壁」と形容）を建設しようとして
いた。大統領選挙での公約のとおり，2017年1月から大統領令による予算組み
替えにより，実際の建設を開始した。建設費負担をメキシコ政府は拒否したた
め，150億ドルはアメリカ政府の予算である。

　この国境の壁については，以前から建設されてきたが，古くなり壁の役割を
果たさないものや，総延長が約2,000マイルに対して650マイルほどしか建設さ
れておらず，隙間を掻い潜っての不法移民者が後を絶たなかった。そこでトラ
ンプ大統領は不法移民問題を解決するために，壁の建設に力を入れたのである。

　その背景には，メキシコからの不法移民がアメリカ国民の雇用機会を減少さ
せているという問題があった。また，アメリカは出生地主義をとっているため，
不法移民であってもアメリカ国内で生まれればアメリカ国籍が与えられること
になる。そのため，国境を接するメキシコからは多くの不法移民者が流入して
いたのである。

　ただし，現実に壁を建設するのは容易ではなく，トランプ政権の期間に着手された壁の総延長は384マイルであり，そのうちの344マイルは既存の壁の建て直しであった。

（7）在外駐留米軍コストを駐留国からの支出へ

　アメリカ・ファーストの政策は日本も無関係ではなかった。例えば，日本国内における米軍の駐留費の問題がそれにあたる。

　米軍が日本国内に駐留することについても賛否両論で分かれるところであるが，日本における軍備費用の支出を抑えたり，有事の際にアメリカ軍の存在は意義を持つと考えられている。この予算について，日本では「思いやり予算」と呼ばれ，年間で約2,000億円が支出されている。「思いやり予算」とはあくまで別称で，正式には在日米軍駐留経費負担に係る特別協定，日米地位協定に基づく金額の合計が約2,000億円である。これは在日米軍が実際に経費として使用している割合の約75％に相当するとされている（実際には米軍総経費は8,000億円ともいわれている）。

　米軍駐留国における米軍への経費負担割合は韓国やイタリアが約40％，ドイツが30％であり，日本は突出して高い割合を支払っている。しかし，アメリカ・ファーストを掲げ，ビジネスマンとして交渉を打ち出すトランプ大統領である。2020年6月には，日本に対してこれまでの4倍以上にもなる，年間約8,500億円の支出を要求した。

　アメリカの大統領がアメリカ・ファーストで行動することは，各国にとっては脅威ともいえるのである。

（8）アメリカと中国の関係

　アメリカと中国は貿易赤字不均衡の問題から関税戦争へ発展したものの，2020年1月に第一段階の米中貿易協議で合意に達した。ただ，その後に中国が香港国家治安維持法を打ち出したことで関係が悪化した。

　アメリカには国防権限法と呼ばれる法律があるが，その中でアメリカ政府は

中国の通信企業5社（ファーウェイ，ZTE，ハイテラ，ハイクビジョン，ダーファ・テクノロジー）と取引することを禁じている。また，同法で2年に一度開催されるRIMPAC（環太平洋合同演習）への中国の参加を禁止している。ただし，中国が東シナ海の埋め立て地を放棄し，開発を停止，除去した場合には参加可能になる。また，2018年8月13日に「2018年外国投資リスク審査近代化法」と「輸出管理改革法」を成立させ，海外企業がアメリカ企業を買収や合併する際の審査機関の権限を強化した。これらが主に中国をターゲットとしていることは明白である。

中林美恵子（2020）は「トランプ政権の対中政策は，通商面で保護貿易色が強くなる民主党の傾向と，安全保障面で厳しさが増しやすい共和党の傾向の双方を併用している」と説明する[44]。もともとトランプ大統領が経済面での中国対応に注力する一方で，マイク・ペンス副大統領，ジェームズ・マティス前国防長官らは安全保障の面から対中政策を推し進めていた。そのため，実に幅広い側面において対中政策を実行した。具体的な内容として，南シナ海を支配し陸と海に新しくシルクロードを建設する一帯一路構想および南シナ海での軍拡に対する対応，知的財産の盗用や都合の良い場合に限っての発展途上国ステータスの濫用，ウイグルやチベットにおける人権問題への対応，新型コロナウイルスに対する早期の中国からの入国規制などがあげられる。ただし，トランプ大統領も中国と完全に敵対することを懸念しており，ところどころに譲歩も垣間見られたのが実情である。

3　否定的意見の多いアクション

アメリカ・ファーストを掲げるトランプ大統領の政策は，明確な賛否両論に分かれる傾向があった。経済政策ひとつにしても，ある層からは否定される反面，ある層からは熱烈に支持される傾向があり，甲乙を論じることは難しかった。しかし，ここで説明する行動は現状の社会に照らして，否定的意見が多く出現すると考えられる行動ないしは言動である。

　ここでは政策や倫理の善し悪しを論じるつもりはない。政策効果は長期的に見なければ判断はできず，倫理観も時代とともに変化するため現時点のみを切り取って評価するのは妥当ではないからである。しかし，今後の世論の方向性などを考慮して，否定的な意見を持たれやすいアクションとして，①デモ鎮圧の軍隊動員発言，②新型コロナウイルス感染症対策をあげる。

（1）デモ鎮圧の軍隊動員発言

　2020年5月25日にミネソタ州ミネアポリスで黒人男性のジョージ・フロイド氏が白人警察官に押さえつけられて窒息死する事件が起こった。これにより人種差別の反対を訴える抗議デモが起こり，大きな事態にまで発展した。このデモを抑えるにあたり，トランプ大統領は「軍隊を動員することを辞さない」と発言したのである。

　トランプ大統領は白人であり，抗議デモの中心は黒人であった。大統領の立場で国を治める人が軍隊を動員するというのは，抗議デモの中心である黒人を敵と見なしている可能性を窺わせ，人種差別を進行させる要因になるといえよう。仮に，これが早期解決の有効策であったとしても，もう少し言葉を選ぶ必要があったと考えられる。

　この発言を受けて，同じ共和党のコリン・パウエル元国務長官，ジェームズ・マティス前国防長官等がトランプ大統領を批判し，さらに国防総省元高官の約90人が連名の書簡にてトランプ大統領の発言を非難した。さらに，共和党内の派閥グループである「リンカーン・プロジェクト」や，「リパブリカン・ボーターズ・アゲインスト・トランプ」がトランプ大統領の再選阻止のために活動した。共和党内部でも反トランプの動きは大きく，彼らは総称して「ネバートランパーズ」と呼ばれた。

（2）新型コロナウイルス感染症対策

　新型コロナウイルス感染症対策については，高く評価される面と，非難される面が混在しているが，結果として否定的な意見が残るものと考えられる。

　トランプ大統領は，当初，新型コロナウイルスに対する見通しが甘く，2020年2月の春には収まるだろうと予測し，楽観的な発言を繰り返していた。しかし，増え続ける感染者数に危機意識を高め，3月に対応を一転させ，3月13日に国家非常事態宣言を発表する。経営者らしい即決即断であり，新型コロナウイルス感染症流行への解決に向けてさまざまな政策を打ち出した。

　第一弾としてワクチン開発のための緊急補正予算の83億ドルを出動させた。続けて，第二弾の失業給付対策では1,040億ドル，第三弾では2.2兆ドルという史上最大の財政出動を実施したのである。さらに非常事態宣言により各州や自治体が緊急対応の資金にアクセスできるように対策を講じ，学生ローンの利払い免除なども実施した。ウイルスの検査能力を高めるために官民の協力も支援する体制を整え，国防生産法を適用して自動車大手のゼネラル・モーターズに人工呼吸器の製造を命じた。

　これらの対策が即座に打ち出されたことで支持率を高める時期もあったが，トランプ大統領自身は新型コロナウイルスに対して楽観視している発言が取り沙汰された。公然の場で発言した感染症の予防対策として，「消毒液を飲む」という医療根拠に乏しい行為があり，物議を醸していた。そして，トランプ大統領はマスクの有効性を認めない立場をとり，自身が新型コロナウイルスに感染した2020年10月の一定期間を除き，マスクを着用しなかった。トランプ大統領の支持基盤である保守派は政府からの強制を嫌うため，マスクを着用する義務に反発する立場をとっていた。そのため，トランプ大統領の支持者は意図的にマスクを着用しない状況が発生し，より事態を深刻化させた。

　トランプ大統領が行った新型コロナウイルス感染症への対策は，多くの人が肯定する内容も多く含まれると考えられる。しかし，国を代表して政策を打ち出す当の大統領が新型コロナウイルスを楽観視してきたことは，世論を鑑みて非難されるであろう。

第13章　トランプ大統領から
バイデン大統領へ

1　オバマケアの復帰[45]

　トランプ大統領には冷遇されたオバマケアであるが，2021年からのバイデン大統領のもとにおいては，より一層の拡充の見通しが示された。新型コロナウイルス感染症対策に次ぐ重要政策として，2020年11月の大統領選挙の事実上の当選後，「1月20日からアメリカ国民の医療負担を軽減するために全力を尽くす」として，再びオバマケア重視を宣言した（トランプ大統領が選挙結果を認めていない段階）。

2　バイデン大統領の環境政策[46]

　パリ協定を主導したのはオバマ政権の大きな功績であった。パリ協定とは，2020年以降，気候変動による地球温暖化に対して国際的に取り組むための協定であった。2015年にパリで開催された国連気候変動枠組条約第21回締約国会議（COP21）で合意されていた。ただ，発効させる条件があり，第一に55ヵ国以上が参加すること，第二に，世界の総排出量のうち55％以上をカバーする国が批准することが必須条件となっていた。この条件をクリアするためにリーダーシップを発揮したのがオバマ大統領であった。中国やインドを説得するなど批准の実現に努力し，2016年11月に発効させるに至った。

　その内容について資源庁ホームページによると，「世界の平均気温上昇を産

業革命以前に比べて2℃より十分低く保ち，1.5℃に抑える努力をする」「その
ため，できるかぎり早く世界の温室効果ガス排出量をピークアウトし，21世紀
後半には，温室効果ガス排出量と（森林などによる）吸収量のバランスをとる」
の2つの長期目標が設定された。地球の温暖化を抑える具体的な通知を示して
合意したのである。これは，途上国を含むすべての温室効果ガス排出主要国が
この目標を持って行動しなければならないことを意味している。

　現在，各国とも排気ガスを出さない電気自動車の開発に力を入れており，ア
メリカや中国が先導している状態である。こうした温室効果ガスの削減を具体
化することもイノベーションを生み，経済を成長させることにつながるであろ
う。

　ただし，環境に配慮したイノベーションは長期的には大きな成果を生むが，
短期的にどこまで成果が生まれるであろうか。少なくとも選挙の票にはつなが
らない可能性もある。当時，オバマ政権の後を継いだトランプ政権は2019年11
月5日にパリ協定離脱を届け出た。トランプ大統領は，化石燃料を重視してお
り，アメリカこそ原油生産量世界一という誇りを持っていた。また，多くの労
働者が化石燃料系の産業に従事しているため，選挙の票にもつながりやすい。
当時，TPP離脱の届けにより，1年後の2020年11月4日以降アメリカはパリ協
定からの離脱が可能となり，トランプ大統領はそれを実行したのである。

アメリカは民主主義のリーダー？　アメリカが民主主義のリーダーとして世界を
規範的に導いてくれるかというと必ずしもそうではないだろう。パリ協定脱退
のように，自分たちのご都合主義を優先している点も少なくない。さまざまな
点において日本はアメリカに従わざるを得ない立場ではあるが，是々非々の精
神を持つことは重要であろう。

3　TPPのその後

　TPPの参加にもう一歩のところまでいったのがオバマ政権であった。TPPに

ついては，ブッシュ政権時代にアメリカは交渉国として加わった。それを引き継いだオバマ政権もその協定の交渉を続けた。これまでの2国間の貿易協定ではなく，12ヵ国が同時に市場を開放し合い，競争を促進していく方針であった。これは市場が広まることを意味している。

2010年にはアメリカで交渉が行われた。紆余曲折を経ながらもアメリカが加わり，2016年にニュージーランドのオークランドで協定が署名された。しかし，この協定を発効させるための最後の関所がアメリカの連邦議会であった。オバマ大統領は推進したものの，議会が承認せず，TPP12の発効はトランプ大統領に引き継がれた。そして，トランプ大統領はTPPに賛成せず，TPPから離脱したのである。

アメリカを除いた11ヵ国はTPP11を発足させた。自国ファーストではなく共存してこそ，最終的にどの自国もファーストになりうるという発想であろう。それだけ，TPPの意味は大きい。また，前政権が行おうとしてきたことに対して，次の政権は否定的になりがちであるが，ブッシュ政権のTPP交渉参加をオバマ政権は引き継いで大成寸前まで持ち込んだ。対立政権の推し進めたTPPに積極姿勢を見せていたオバマ大統領は高く評価できたところであろう。

4　総　括

オバマ氏は2012年の大統領選挙で再選されたのであるから，オバマ氏の政策に対して国民はNOではなくYESという判断を下していたといえる。オバマ政権の最大の政策の第一はオバマケアであった。そして，2020年11月にアメリカ大統領選挙に勝ったバイデン氏も重要政策として真っ先にオバマケアを挙げた。財政は苦しくなり，民間保険会社も撤退するという事実があるものの，アメリカの医療を貧しい人が受けられない状況は改善すべきだという考えは人道的と思われる。バイデン大統領がオバマケアを復活させ，それを発展させていくとなると，オバマ大統領の功績はより大きくなる。

オバマ大統領の功績はオバマケアだけでなく，TPP12の合意，パリ条約の発

効などさまざまな分野に及んだ。オバマケアは民生費を重視する民主党の考え方に基づいており，TPPは自由競争主義を尊重する共和党のサプライサイド経済学に基づいている。多様な幅広い政策をとろうとしてきたが，続くトランプ大統領がいずれも否定的で，改正したり，離脱したりとオバマ政策を大きく転換した。2021年からオバマ大統領時代に副大統領を務めたバイデン政権になって，オバマ氏の政策にどこまで戻るのか，そしてオバマ氏の政策をどのように発展させるかについて注目されるところである。

【注】

15 「1．1980年代半ばのアメリカ」の内容については楠本眞司（2012）および水野勝之（1997）に基づき執筆している。

16 ロナルド・パールマン「米国レーガン政権下における税制改革の経験」『2002年3月26日税制調査会総会資料』，https://www.cao.go.jp/zei-cho/history/1996-2009/gijiroku/soukai/2001/pdf/a25kaib.pdfに基づき執筆している。

17 公定歩合のコントロールがなくなったわけではない。FRB議長のポール・ボルカーが金利を11％から20％まで引き上げ，年率10％のインフレを3.2％まで引き下げている（リベラルアーツガイド「【レーガノミクスとは】その意味・背景・結果をわかりやすく解説」，https://liberal-arts-guide.com/reaganomics/#3-2。

18 Economic Report Of the President 1989，pp.296～297を参考に執筆している。

19 Economic Report Of the President 1989，pp.296～297を参考に執筆している。

20 日本銀行『調査月報』（1988年10月号）「米国連邦財政赤字について」p.23を参考に執筆している。

21 経済企画庁『月例経済報告』（1988年4月号）「主要国・地域の経済統計（1）アメリカ」p.106を参考に執筆している。

22 楠本眞司（2012）第3章に基づき執筆している。

23 「1．H.W. ブッシュ政権」「2．クリントン政権の評価」は楠本眞司（2012）第3章に基づき執筆している。

24 『アメリカ経済白書』1992年版，表11「国内総生産」（1959年～1991年）pp.516～517を参考にしている。

25 『日本経済新聞』（1993年2月19日記事）に基づいている。

26 『日本経済新聞』（1993年2月24日記事）に基づいている。

27 「1．減税ラッシュ」の内容は，河音琢郎（2008）「第1章 租税・財政政策」（河音琢郎・藤木剛康編著（2008）所収）に基づき執筆している。

28 「2．TPP」の参考は藤木剛康（2008）「通商政策―貿易促進権限と自由貿易協定―」（河音琢郎・藤木剛康編著（2008）所収pp.197-235）に基づき執筆している。

29　「４．産業政策」の内容は山縣宏之（2008）および林幸秀（2011）を参考に執筆している。

30　萩原伸次郎（2015）を参考に執筆している。

31　中本悟（2016）および萩原伸次郎（2015）を参考に執筆している。

32　萩原伸次郎（2015）を参考に執筆している。

33　榊原英資（2017）を参考に執筆している。

34　萩原伸次郎（2015）pp.28-29を参考に執筆している。

35　U.S. BUREAU OF LABOR STATISTICS, Archived Employment and Earnings Tables, Employees on nonfarm payrolls by major industry sector and selected industry detail, seasonally adjusted, Total nonfarm,
https://www.bls.gov/ces/data/employment-and-earnings/を参考に執筆している。

36　日本経済新聞「米貿易赤字が過去最大，18年8787億ドル」（2019年３月６日記事），https://www.nikkei.com/article/DGXMZO42125950W9A300C1FF2000，を参考に執筆している。

37　ビットコインと仮想通貨のいろは「アメリカのTPP離脱の理由とトランプ大統領の目的はコレ！」，https://min-tori.com/39.html，を参考に執筆している。

38　日テレNEWS24「【解説】なぜ米中が対立？　鍵を握るWHO」（2020年５月19日），https://www.news24.jp/articles/2020/05/19/10646225.html，を参考に執筆している。

39　日本経済新聞（2018年３月29日記事），https://www.nikkei.com/article/DGXMZO28689880Y8A320C1EA2000，を参考に執筆している。

40　トムソン・ロイター「トランプ大統領，新NAFTAに署名　成長押し上げに期待」（2020年１月30日），https://jp.reuters.com/article/usa-trade-usmca-idJPKBN1ZS2RB，を参考に執筆している。

41　ビットコインと仮想通貨のいろは「アメリカのTPP離脱の理由とトランプ大統領の目的はコレ！」，https://min-tori.com/39.html，を参考に執筆している。

42　地球の裏側からご近所までby FIT-Web Create. Powered by WordPress.「パリ協定アメリカ離脱の理由は？　脱退のメリットや世界の反応を調査！」https://jam-messe.com/paris-agreement/，および森さやか「トランプ政権「温暖化の懐疑派」を海洋大気庁『チーフ科学者』に任命」，https://news.yahoo.co.jp/byline/morisayaka/20201029-00205344/，を参考に執筆している。

43　猪瀬聖「幻に終わった「トランプの壁」バイデン氏は建設中止を表明　どうなる不法移民対策」（2020年12月29日記事）を参考に執筆している。

44　中林美恵子（2020）『沈みゆくアメリカ覇権　止まらぬ格差拡大と分断がもたらす政治』小学館新書，p.109を参考に執筆している。

45　ジュンコ・グッドイヤー（2017），岡野杏有子（2020）および時事通信ニュース「オバマケア拡充を表明　バイデン氏，すぐ着手　米大統領選」（2020年11月11日記事），https://news.yahoo.co.jp/articles/51ddb872423d5a89b0c75cca4f85f7f967a21f26，を

　　参考に執筆している。
46　経済産業省資源エネルギー庁（2017）「今さら聞けない「パリ協定」　～何が決まっ
　　たのか？　私たちは何をすべきか？～」，https://www.enecho.meti.go.jp/about/
　　special/tokushu/ondankashoene/pariskyotei.htmlに基づき執筆している。

第14章 計画経済から開放経済へ

　図表14－1に示すとおり，中華人民共和国（以下，中国）のGDPは2010年に日本を抜き，アメリカに次ぐ世界第2位となった。中国のGDPはその後も成長を続けており，2030年頃にはアメリカを抜いて世界第1位となると目されている。

　中国は，1949年の建国以来一貫して「社会主義」を標榜しており，資本主義を掲げる日本やアメリカとは社会システムが大きく異なっている。一般的には，

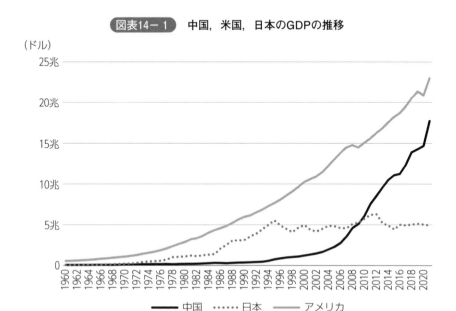

図表14－1　中国，米国，日本のGDPの推移

出所：The WORLD BANK「World Bank Open Data」をもとに筆者作成。

個人や企業の効用の最大化を前提として自由に競争を促す資本主義と，平等で公平な社会を目指す社会主義を比較した場合，前者のほうが経済成長に適しているとされている。

　しかしながら，実際には，社会主義を掲げる中国が資本主義の象徴ともいえるアメリカを抜き，世界一の経済大国になろうとしている。この現象は，資本主義を前提とした標準的な経済学の教科書だけで説明することは難しい。その背景を探るべく，本章では，1949年から2022年までの中国の現代経済史を4つの時代に分けて概説する。

> **中国のGDPは既に世界一？** [47]　一般的に，GDPはそれぞれの国の自国通貨で計算されたものを市場で決まる為替レートで米ドルに換算して比較を行う。しかし，米ドルに換算する際に，市場の為替レートではなく，両国のモノの値段を材料に質的・量的に同一のモノを買える為替レート（「購買力平価」）を使うこともある。その試算方法を適用した場合，2017年時点で中国のGDPはアメリカを抜いて世界一となっている。

1　建国から計画経済期へ（1949－1978年）

　第二次世界大戦後の国共内戦（国民党と共産党による内戦）に勝利した毛沢東率いる共産党は，1949年に中華人民共和国を建国した。建国当初，中国共産党は「新民主主義」と呼ばれる旧中国社会と社会主義社会の中間の社会を目指し，国民党の企業と外資企業以外の民間企業については従来どおりの事業活動を認めていた。しかしながら，東西冷戦が深まる中で，中国がソ連へ身を寄せるという文脈で，1953年から社会主義への転換を行った。社会主義を掲げながら，重化学工業化を推進していたソ連の事例は，当時の共産党幹部にとっては非常に魅力的に映っており，中国の社会主義への転換はソ連の社会システムをお手本として行われた。

（1）計画経済の導入[48]

　東西冷戦の影響下において，中国は，ソ連から重化学工業・軍需産業の技術とともに，計画経済を導入した。「計画経済」とは，経済の資源配分を市場の価格調整メカニズムに任せるのではなく，国家の計画によって配分される社会体制のことである。中国では，ソ連の指導を受けながら，計画経済の導入が進められた。1952年に計画経済の中枢機関である国家計画委員会が設立されるとともに，重化学工業の発展と中央集権を重視する「第一次5ヵ年計画」（1953－1957年）が作成され，政府が主要な財の生産と流通をコントロールする体制が整備された。

　都市部においては，民間企業の国・公有化が進められ，各企業の生産量や価格，雇用者数に至るまで政府が指示するようになり，企業内部に共産党支部がつくられ，支部の党委員会が経営者に代わって事実上の最高意思決定者として行動するようになった。このようにして，各企業の経営者が独自のアイディアや工夫によりビジネスを行う余地はほとんどなくなった。

　一方，農村においては，農業の集団化が進められた。200～300戸もの農家が束ねられ，農地を共同所有にして集団で農業を行う「農業合作社」が組織された。1958年にはいくつかの農業合作社が合併して，「人民公社」が設立された。人民公社は，農業の営農機能だけではなく，学校や民兵などの行政機能やその他の商業に関する機能も担っており，農村の政治・経済・社会の総合的な統治機能を有する組織であった。

（2）「大躍進」による経済・社会の混乱[49]

　ソ連にならった社会主義システムを導入した中国であったが，ソ連の最高権力者がフルシチョフとなったあたりからソ連・中国の関係は次第に悪化した。1956年には，毛沢東が演説において，ソ連の中央集権的なシステムへの違和感を表明し，地方や大衆の自発性を活かすことが重要であることを主張した。この構想を実現する政策として，1958年からの1960年にかけて「大躍進」政策が

実施された。大躍進では，国有企業の地方政府への移管，経済計画の作成・実行といった権限も地方に移された。ソ連が15年でアメリカを追い越すと述べたことに対抗し，中国は15年でイギリス（の工業力）を追い越すという目標を掲げ，毛沢東ら共産党幹部は地方や末端の役人に対して経済発展に注力するように煽り立てた。これにより，功名心にかられた地方の役人は，強引な投資や生産拡大を実施し，農村においては農民を使った水利インフラの整備を行い，さらには穀物の収穫量が何倍にもなったという虚偽の報告を行うようになった。この虚偽の報告に気をよくした毛沢東は，1958年8月には，鉄鋼生産を一気に前年度の2倍にするという方針を打ち出した。人民公社が主体となって，各地で鉄の生産を増やすための増産運動が始められたが，ほとんどの人民公社は製鉄の技術を有していなかったため，生産された製鉄の大半は使い物にならない不良品であったといわれている。また，穀物の生産に関する虚偽の報告が多数されていたことから，「農業生産性が大きく向上しているのだから，人材を農業から工業に回しても大丈夫だろう」という誤った認識が広がり，1957年から1958年にかけて農業労働力は約2割も減らされることとなった。この結果，穀物生産量は1959年から1961年にかけて激減し，中国全体が深刻な食料不足に陥り，多数の餓死者を出すこととなった。加えて，大躍進の一環として実施された「四害駆除運動」が，食料不足をさらに悪化させた。四害駆除運動とは，毛沢東が1958年に導入した衛生キャンペーンであり，マラリアの原因となる「蚊」，ペストを蔓延させる「ネズミ」，空気中に蔓延する「ハエ」，そして伝染病を媒介し穀物の種子や果実を食害する「スズメ」を撲滅することを目的としていた。特に，スズメは農作物を食い荒らすため大量の駆除がなされた。しかしながら，イナゴなどの農業害虫を食べるスズメが減ったことで，害虫の大量発生が起こって農業生産量は増加するどころか大幅に減少した。このように大躍進政策は，大飢饉の発生，産業・環境の破壊を招くという人類史上稀にみる大失策に終わった。

　大躍進政策による失策はマクロ経済にも大きな影響を与えた。**図表14－2**は，中国のGDP成長率の推移を示しているが，1950年代は継続的なプラス成長を

図表14－2 中国のGDP成長率の推移

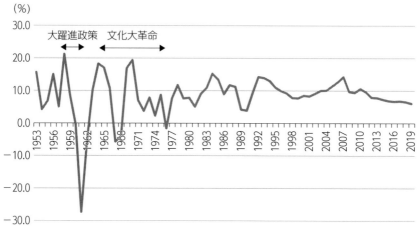

出所：中国統計年鑑をもとに筆者作成。

示していたGDPが大躍進政策直後の1960年，1961年にマイナス成長に陥っていることが見てとれる。特に，1961年はマイナス27.3％とGDPの約3割近くが失われており，このような大きなマイナス成長は中国の歴史上ほかに例がなく，いかに大きなインパクトであったかがうかがえる。この大失策を受け，毛沢東は1959年に国家主席を辞任することとなり，経済を重視する劉少奇・鄧小平らが指導する体制に転換した。その結果，設備投資の縮小，農業・軽工業中心の方針が取られ，工業に動員されていた農民は強制的に農村に戻され，原則として農村から都市への移動は禁止された。また，農業の生産性を向上させるため，農家が自由に利用できる「自留地」が設けられ，自留地で育てた野菜や卵などを売る自由市場が設けられた。さらには，一部の地域では，集団農業をやめ，農地を農家ごとに区分けして，各農家が別々に農業を営む「請負制」も実施された（ただし，請負制については，毛沢東の強い反対により，1962年で中止となった）。このような，資本主義的な要素の導入も功を奏して，中国は飢餓から脱出し，経済全体も回復軌道に乗り1966年には大躍進政策前の1人当たりGDPを上回った。

　しかしながら，1966年から，毛沢東の復権運動（文化大革命）により，中国はその後の10年間再び混乱に巻き込まれる。**図表14－2**のとおり，中国のGDP成長率は，1966－1967年，1976年もマイナス成長に陥っているが，前者は文化大革命によって政府機能や工場機能が麻痺したことによる影響であり，後者については毛沢東派（四人組）と反毛沢東派の争いによる混乱の影響である。このように，中国の歴史上におけるGDPのマイナス成長の裏にはすべて毛沢東の存在が関わっていることは大変興味深い。

　1976年の毛沢東の死後，華国鋒首相が四人組を追放し，西側諸国の近代技術を導入する近代化政策を実施したが，拙速かつ独断的であったため上手くいかず，この失策の責任を取る形で華国鋒は追放された。この後，鄧小平が権力の座に返り咲き，1978年からの鄧小平による改革開放の時代が始まることとなる。

文化大革命（1966－1976年）[50]　大躍進の失策により権力に陰りがさしていた毛沢東が復権を目指して起こした権力闘争。毛沢東は，劉少奇・鄧小平らが行った大躍進からの回復のための資本主義の部分導入を，社会主義を資本主義的に修正するものとして批判し，毛沢東を支持する学生グループ「紅衛兵」を扇動して，劉少奇・鄧小平ら共産党幹部を失脚させた。紅衛兵による「つるし上げ」の対象は，共産党幹部のみならず，知識人や旧地主の子孫など「反革命分子」なども含まれ，多くの死者や自殺者が続出した。また，「文化浄化」の名のもと，寺院などの貴重文化財が多数破壊された。やがて，暴走を始めた紅衛兵は派閥に分かれてお互いに武力衝突を起こすこととなり，その鎮圧に軍も介入することとなった。1976年に毛沢東が死去し，文化大革命を主導していた「四人組」が逮捕されたことでその収束を迎えた。

2　鄧小平の改革開放（1978－1992年）

　「黒い猫でも白い猫でも鼠を捕るのが良い猫だ。」

　役に立つのであれば何であれ実践の中で取り入れていこうという鄧小平の実践主義を象徴する有名な言葉である。大躍進政策，文化大革命により疲弊した

中国経済を立て直すべく，鄧小平は「4つの近代化（工業，農業，国防，科学技術）」を掲げ「改革開放」と呼ばれる市場主義経済への移行に取り組んだ。1953年の計画経済への移行が急速に行われたこととは対照的に，市場主義経済への移行は非常に漸進的に実施されており，2022年12月現在においてもまだ現在進行形であり，移行は完了していない。また，社会主義を掲げる中国としては純粋な資本主義経済を目指しているわけではない。したがって，その移行の対象も部分的である。

（1）農村・農業改革（農業経営請負制の導入）[51]

　鄧小平が真っ先に取り組んだのが集団農業の改革である。1978年において，中国の国民の大部分（約8割）は農村に住んでおり，就業人口のうち約7割が農林水産業に従事していたことから農村・農業の改革は最重要事項であった。鄧小平の改革においては，まず集団農業制を維持しながらも，個々の農家があらかじめ割り当てられた量を政府へ販売しかつ税金をきちんと納めれば，余りの農作物は誰にでも自由に販売することができる「農業経営請負制」が導入された。「請負」というのは政府から農業生産のノルマを農家が請け負うという意味であり，まさにノルマを達成すれば残りの農作物は好きにしていいという制度である。さらに，1982年は，人民公社が解体され，1984年までには集団制から請負制への移行がほぼ完了した。これに加え，政府の食料の買上価格も大幅に引き上げられたため，農家の労働意欲と生産性は向上し，農業生産量は1970年代後半より急速に拡大した。

　請負制への移行により，余剰資金を手にすることができるようになった農民は，その資金を元手に非農業分野の産業への進出も行うようになった。これにより，末端の行政組織（郷・鎮）や個人が経営する非国有企業である「郷鎮企業」と呼ばれる農村企業が生まれ，農村の雇用拡大に大きく貢献した。

━━━━━━

　リカードの罠 [52]　18−19世紀のイギリスの経済学者デヴィッド・リカード（David Ricardo）が提唱した概念であり，農業（食糧生産）の生産性が上がらないた

めに近代部門の利潤が圧縮され，資本蓄積が停滞する（工業化が制限される）という議論である。世界最大の人口を有する中国においては，国民の食糧をいかに確保するかということが非常に重要である一方で，毛沢東時代はほとんど農業生産性の向上が見られずに，それも工業化を制限する要因となっていた（実際には，虚偽の農業生産性向上の報告を信じて，人員を工業に回した結果，全国的な飢饉が発生した）。改革開放以降，農業生産性の向上が始まったことで，工業化を進める基盤も整ったといえる。1990年代後半までには中国は食糧問題を解決したとされている。

（2）企業改革（請負経営責任制の導入とその破綻）[53]

　計画経済のもとでは，多くの企業が国有化されており，1960－1970年代においては，鉱工業の企業の約9割が国有企業であった。一方，本章1の（1）でも述べたとおり，国有企業は基本的な意思決定権を有しておらず，例えば，何をどれくらい生産するかは，国家計画委員会が決めていたし，何に投資するかについては国家計画委員会で審議され，承認を得た場合は，その投資資金を財務部（財政を担当する政府機関。日本でいうところの財務省）から得るという仕組みであった。さらに，利潤を得た場合はその全額を国に納め，損失を出した場合はそれを全額国に負担してもらっていた。このような仕組みを上手く機能させるためには，国が各産業における動向や市場のニーズを把握して各企業にとって最適な生産投資計画を立てる必要があったが，中央政府の情報収集・分析能力には限界があるため技術的に不可能であった。また，利益を生んでも損失を生んでも，そのすべてが国に上納（または補填）されてしまうという状況では，各企業の経営の善し悪しは経営者や労働者への報酬にも全く反映されることはなく，経営者や労働者が職務に尽力するインセンティブが存在しなかった。そのため，中国経済の立て直しを目指す改革開放においては，国有企業の改革が不可避であった。

　この状況を改善するため，1979年以降国有企業の自主権の拡大が図られ，国有企業は利潤の一定の割合を国に上納せずに会社内に留保し，事業への投資のほか，従業員の福祉やボーナスに活用することが認められるようになった。ま

た，企業の経営に関する内容を国家の計画で定める割合は徐々に減らされていき，国有企業に生産活動，販売活動，投資活動などの自主権が与えられていった。さらに，企業の内部においても，職務内容や能力に応じた賃金体系が整備され，従業員1人ひとりの作業目標が割り当てられ，それに対する達成状況に応じてボーナスが支払われるようになった。このように利潤の留保や自主権の付与は国有企業の経営者・従業員のやる気の向上につながった。

　企業の自主性（政府からの独立性）をさらに向上させるため，1986年から所有と経営を分離することを目的とした「請負経営責任制」の導入が開始された。この制度のもとでは，国有企業は，①定められた金額を政府に上納すること，②計画に定められた設備投資を行うこと，③従業員への賃金の支払総額を規定以内にすることなどを規定した契約を結ぶ。企業が，その契約内容を遵守している限り，政府は企業の日常的な経営活動には介入を行わない。契約期間は3〜5年で，政府への上納金は毎年5％程度ずつ増やしていく約束となっているのが通例であった。しかしながら，請負経営責任制はすぐに事実上の破綻を迎える。導入からわずか3年後の1989年に政府はインフレを抑えこむため，引き締め政策を行った。さらに6.4天安門事件の混乱も相まって企業の業績は悪化し，多くの企業が政府への上納金を払えない状態に陥った。そのため，政府への上納金は大きく減少し，政府が企業の損失を負担せざるを得なくなるケースも発生して，独自の財産を持たない国有企業が経営責任を取ることができないという問題も露呈することとなった。このような請負制の破綻が，1993年の会社制度（第15章1の**（2）**）の導入につながることとなった。

6.4天安門事件[54]　1989年6月4日，北京の天安門広場に民主化を求めて集結したデモ隊に対して軍隊が武力行使を行い多数の死傷者が出た事件。1978年以降の改革開放による経済改革が進むにつれ，政治の改革も必要であるという世論が増え始め，1980年代半ばから若者や学者による民主化運動が広がった。1986年には，改革派であった胡耀邦総書記が言論の自由化を推進するなど政治改革への期待がさらに広がったが，鄧小平を中心とした共産党内保守派はこれに対して激しく反発し，デモへの対処に不手際があったとして胡耀邦を辞任に追い込

んだ。しかし，民主化運動はその後も学生を中心に展開され，1988年のインフレによる政府への不満がその拡大を後押しした。1989年4月には，改革派の象徴であった胡耀邦が急死したことを受け，大学生らが天安門広場で座り込みのストライキを開始するなどデモ活動が激化し，民主化運動は中国全土に広がった。これを受け，政府は同年5月には戒厳令を発令し，6月に入ると地方から人民解放軍を北京市内に集結させた。6月3日から4日にかけ天安門広場において，武力によるデモ隊の排除が行われ，その過程で多数の死傷者が発生した。なお，死者の数は共産党の公式発表では319人（民間人，軍，警察の合計）とされているが，数百人から数万人まで複数の説がある。6.4天安門事件以降も，中国の民主化の動きは封じられ，現在（2022年12月）においても共産党一党独裁体制が維持されている。

（3）価格自由化と経済特区の設定[55]

　計画経済下では，国家の計画により財の価格が決定していたが，消費財のほか鋼材，石炭などの工業用の財についても徐々に価格が自由化された。このように政府による市場介入が弱まったことで，企業による経営努力に対するインセンティブが強化された。

　1979年，政府はそれまで禁止されていた海外からの直接投資を解禁した一方で，外国企業による国内産業へのインパクトを緩和するため，外国企業の直接投資が可能な地域を限定した。このような地域は「経済特区」と呼ばれ，政府は1979～1980年の間に深圳，珠海，汕頭，厦門に経済特区を設定した（1988年に海南島が追加）。経済特区は，外資系企業からの直接投資を促進する緩和策・優遇策がとられたほか，（経済特区の外では認められていなかった）土地の使用権の売買を可能にしたり，公共事業に初めて入札制が導入されたり，資本主義型のシステムの実証区としても機能した。続いて1984年には，大連，天津，上海などの14の沿岸都市が開放され，それらの郊外には経済特区に準じる優遇措置を備えた輸出向けの工業開発区である「経済開発区」が設定された。政府の狙いどおり，経済特区への外資企業あるいは合弁企業の進出が促進され，中国の経済発展に大きく貢献した。例えば，深圳の1人当たりのGDPは1980年

図表14-3　中国の経済持区・経済開発区

出所：筆者作成

　の835元から1990年8,724元と，わずか10年の間に10倍以上に拡大している。

　海外の資本や技術の導入という取組としては，経済特区以外にも「加工貿易」が実施された。加工貿易は1976年頃に広東省で始まったもので，外国企業が提供する部品・材料を中国国内の工場で外国企業の指示に従って加工する取引である。この取引のために持ち込まれる部品・材料は関税が免除される一方で，加工された製品は全量中国国外に輸出しなければならないという仕組みであり，中国サイドとしては競合する国内産業への打撃を抑えつつ，加工賃という形で外貨を獲得することができた。

合弁企業　外国資本と自国資本が共同で設立運営する会社法人であり，ジョイント・ベンチャーともいう。「合弁」といっ言葉は中国語が語源となっている。自国にとっては，外国の資本，技術，知識を得ることができ，外国資本からすると投資額を抑えることができるほか，当該国の規制や市場情報の入手，コネクション形成がやりやすくなるというメリットがある。

第15章　社会主義市場経済

1　社会主義市場経済の始まり（1992－2009年）

　1989年の6.4天安門事件の影響により，共産党内は改革派の有力者が失脚し，保守派の勢力が拡大していた。党内では「和平演変」（西側諸国が平和裏に中国の体制を覆すこと）を警戒すべきといった保守派の発言が力を持つようになっており，改革開放路線にブレーキがかかる状態となっていた。そのような中，1992年に鄧小平は改革開放路線を推し進めるため，武漢・珠海・上海・深圳などの都市をめぐり，「南巡講話」といわれる声明を発表した。南巡講話の中で，鄧小平は「社会主義市場経済」の概念を発表するとともに，改革開放に消極的な保守派の批判を行った。その結果，鄧小平は，有力者の支持を得て，改革開放に反対・消極的な意見の是正に成功し，1992年10月の第14回党大会において「社会主義市場経済」が改革の目標に定められるに至った。この考え方は翌1993年の憲法改正の際にも盛り込まれ，中国の経済政策の基本として位置づけられた。これによって，「社会主義」という修飾語があるとはいえ，これまで明言が避けられてきた「市場経済」の概念が初めて具体的に打ち出された。これにより，中国の改革開放は新たなフェーズに突入することとなる。

（1）社会主義市場経済とは何か？[56]

　社会主義市場経済を目標に掲げた中国政府は，改革措置を次々と打ち出し，日本や欧米などの資本主義国に存在するような市場経済の構築を目指した。

　読者の中にも，社会主義国家が市場経済を追い求めることは矛盾ではないのかと疑問を持っている方もいるであろう。社会主義とは，基本的に，社会全体（国家）の力で経済を回してより平等で公平な社会を目指そうという思想であり，個人（資本家）の力で経済を回し，格差が生じることを必然とする資本主義とは異なる。一方で，市場経済は，生産と消費の調整に対して政府が規制したりせずに市場の自由な調整能力に任せようという考え方であり，むしろ資本主義の考え方により近しい。これに対して鄧小平は南巡講話の中で「社会主義の本質は生産力の自由，生産力の発展，搾取の削減，対立勢力の分裂をなくし，最終的には共に裕福になることであり，（市場に対する国家の）計画が少ないか多いかということは社会主義と資本主義の本質的な違いではない」と述べている。この言葉は市場経済を取り入れることが社会主義の定義から逸脱しないことを主張するものであるが，実践主義の鄧小平としては，結果がよければ何主義でもよいというのが本音だったのではないだろうか。

　では，日本や欧米などの資本主義国家の市場経済とは何が異なるのか？　その1つの要素として，多くの生産財が公有物となっていることがあげられる。2020年にアメリカのフォーチュン誌が発表した「グローバル500社」にランクインした中国の大企業124社のうち89社が公有企業であるなど，中国では現在においても，公有企業が経済の根幹を担っている。もう1つの要因は，共産党による一党独裁体制である。市場経済化が進められている一方で，中国では現在でも共産党が国民経済のあらゆる場面で影響力を有している。例えば，1997年に公表された「国有企業の党建設に関する通達」において，共産党組織が国有企業の経営方針や人事にも関与することが明記されている。このように国家と企業との分離が進まずに国家が市場に対して強い影響力を持っている状態は，一般的な資本主義国では見ることができないものである。

（2）国有企業への会社制度の導入[57]

　改革開放前期では，国有企業に対して「請負経営責任制」が導入されたが制度上の限界が露わになっており，独自財産を持っていない（経営責任が取れな

い）ことが問題となっていた。そこで，政府は，1993年に会社法（公司法）を
制定することで，国有企業に対して新たに会社（中国では公司と呼ぶ）制度の
導入を決定し，企業に財産所有権を与えるとともに自主的経営権を認め，その
代わりに経営責任を取らせることとした。中央政府は100社，地方政府は約2,600
社をモデルケースとして指定し，これらを株式会社や有限会社の形態に改組す
ることとした。これにより国有企業を母体とした株式会社が次々と誕生し，上
海や深圳の証券取引所に上場した。しかしながら，急激な変化による混乱を避
けるため，国家が保有する「国家株」や「法人株（国有企業などの持ち合い）」
など「非流通株」の割合を維持し，国家の支配権は維持されたままであった。
典型的な形としては，国家株が100％ないし大部分の持ち株会社が，グループ
企業であるというものであった。これにより企業は財産所有権を有し，経営の
責任を取れる状態にはなったものの，証券取引上での株式の取引量は少なく，
一般の株主による企業評価の仕組みが働かず，引き続き，政府が企業の経営を
チェックし干渉するという実態は大きく変わらなかった（政府の思惑と企業の
効率的な経営の方向性は一致することばかりではないことはいうまでもない）。

　そこで，1997年からは会社化からさらに進んで「民営化」を推進すべく，
「抓大放小」（大を掴み，小を手放す）という国家資本の戦略的な移転政策が
打ち出された。すなわち，中国経済の根幹に関わるような大企業は引き続き国
家が管理する一方で，中小企業に関しては売却するなどして民営化が進められ
た。また，地方政府が管理する国有企業（中国では地方政府は国家機関の一部
であるため，省有企業，市有企業などの呼び方はしない）は一般的に小規模で
あったため，抓大放小の方針に則り民営化することが公認され，1995年に25万
社あった国有企業は2008年には11万社まで減少した（しかし，その後の2018年
には国有企業の数は20万8千社に増えており，再び国家の関与が強まってい
る）。

　1989年以降国有企業の多くが赤字を抱えていたが，経営圧迫の要因としては，
国有企業が「ゆりかごから墓場まで」従業員の面倒を見ていたこともあげられ
る。国有企業は従業員に住宅を提供したほか，食堂，商店，託児所，浴場など

の施設を保有しており，大企業に至っては病院や農場，学校なども運営していた。1990年代に入ってからはこのような国有企業の社会負担を軽減するための改革が本格的に行われるようになり，社宅や病院や商店の売却が行われた。併せて，国による社会保障制度も整備され，多くの従業員が医療保険や年金保険などに加入することで，国有会社の負担の軽減につながった。

（3）国有企業からの大量解雇[58]

　それまで赤字経営でも国が損失を補填してくれて，倒産することはなく従業員は食いっぱぐれることがなかった状態から，会社化・民営化を行った大変革には大きな痛みが伴うことは想像に難くないであろう。改革初期まで，国有企業は過剰な数の従業員を抱えており，非常に大きな負担となっていた。政府は雇用を生み出すため，国有企業に必要以上の従業員の採用を強要しており，中には，本来必要な数の何倍もの従業員を抱えている国有企業もあった。こうした中，1993年より国有企業では一時帰休が実施され始め，1995年頃から本格化していった。一時帰休の対象となった従業員は各企業内に設置された「再就職センター」に所属し，3年を上限に企業から生活費手当をもらいながら再就職先を探す。期限が切れると，再就職しない限り失業者となる。**図表15－1**は登録失業者数（中国の公式の失業者数である都市部登録失業者数）と一時帰休者数の推移であるが，一時帰休者が1993年から発生し，1995年頃からその規模が拡大し，1997〜2001年には登録失業者も含めた総失業者数は概ね1,400〜1,500万人まで増加していることがわかる。国有企業を解雇された労働者の再就職は難航し，失業問題が人々の暮らしに大きな影響を与えた。特に，1つの国有企業大企業に雇用を依存していた企業城下町では都市全体の経済に大きなインパクトを与えた。一方，民営化と余剰人員の削減により大幅にスリム化した国有企業の業績は2000年以降改善に向かった。

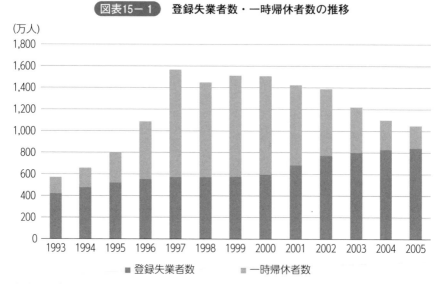

図表15－1 登録失業者数・一時帰休者数の推移

（万人）

出所：中国統計年鑑，国家統計局人口和社会科技統計司・労動和社会保障部規画財務司編をもとに筆者作成。

一時帰休とレイオフ 企業が業績悪化に陥り業務を縮小せざるを得なくなった際に，労働者の雇用を維持した状態で休業させること。再雇用を条件とするレイオフ（一時解雇）と似ているが，レイオフは一時的でも解雇であり，企業との雇用関係はなくなる。

（4）証券市場の誕生[59]

国有企業を民営化して上場させるという改革を進めるためには，企業を上場するための証券市場が必要であった。中国の証券市場は，鄧小平の南巡講話（1992年）の前である1990年12月に上海で，1991年には深圳でそれぞれ実証的に開設された（当時の総書記だった江沢民が鄧小平に証券取引所の開設について伺いを立てた結果，鄧小平は「試してみて，だめならやめたらいい」と回答したと伝えられている）。

図表15－2 に中国株の種類を示している。90年代初頭当時は外資の導入と厳格な外貨管理を両立させるため外国投資家が外貨で取引することが可能なＢ株市場が創設された。Ｂ株市場は国家が外貨管理におけるリスクコントロールを

図表15－2　中国株の種類

種類	取引市場	決済通貨	概要
A株	上海 深圳	人民元	中国国内投資家のみが売買可能な中国企業株。 ※02年からは適格海外機関投資家（QFII）が購入可能となり，14年からは「上海・香港ストック・コネクト」により香港経由で海外の個人投資家が上海A株を直接購入することが可能になった。
B株	上海 深圳	米ドル（上海） 香港ドル（深圳）	外国人投資家のみが売買可能な中国企業株。取引量はA株に比べると少ない。 ※01年の規制緩和により，中国国内投資家も売買可能となった。
レッドチップ株	香港	香港ドル	香港市場に上場されている，中国資本が支配的であるが，法人登記が香港で行われた株式。中国国内投資家も外国人投資家も売買可能。
H株	香港	香港ドル	香港市場に上場されている中国企業株（法人登記が中国）のこと。中国国内投資家も外国人投資家も売買可能。
S/N/L株	シンガポール/NY/ロンドン	現地通貨	シンガポール（S），ニューヨーク（NY），ロンドン（L）市場に上場する中国企業株。

出所：筆者作成。

実施しやすくする過渡的措置として開始されたもので，A株市場と比べるとその規模も小さい。その後，2001年に，国家が認めた限定された適格海外機関投資家（QFII）がA株を取引できるようになったほか，B株についても中国国内投資家が取引可能となるなどの規制緩和が進んでいるが，現在（2022年12月）においてもA株・B株の市場統合には至っておらず規制が残っている。また，1994年に中国本土企業である青島ビールが香港市場に上場したことを皮切りに，香港市場や海外市場に上場するH株などの中国株も存在する。2014年にニューヨーク証券取引所に上場したアリババ・グループなど，近年では中国国内の株

式市場への上場を経ることなく，海外市場に上場して資金調達する中国企業の事例も見られるようになっている。

　中国の株式市場は国有企業を改革する手段の1つとしての位置づけを持ってスタートしたため，本章1の（2）で先述したとおり，国家の国有企業への手綱を残すため，市場で取引が可能な「流通株」のほか，国家株や法人株といった市場では取引ができない「非流通株」とが区分され，後者が全体の発行済株式量の約3分の2を占めた。非流通株が多く国家が企業の支配株主であるという状態は，国有企業改革にとってコーポレートガバナンスの改善につながりにくいというだけではなく，健全な株式市場を形成するうえでもマイナス要因となった。非流通株は法人間の相対取引は認められていたが，譲渡価格は市場における株価と比べて安いことがほとんどで，株主になるためのコストに不平等が生じていた。

　一方，非流通株の株主は市場で売ることができないため，市場での株価動向に関心が薄かった。そのため，市場での株価には企業価値が十分に反映されず，実際の企業価値とは関係のない投機的な取引が助長されていた。国有企業改革と株式市場の発達を進め，非流通株の流通株への転換を図るため，政府は1999年，2000年に非流通株の株式市場での売り出しを実施したが，巨大な売り圧力による株価の暴落と流通株を保有する一般株主からの大きな反発が起き，二度にわたる非流通株放出の試みは失敗に終わった。そこで，次なる手として，非流通株を流通株として売り出す際に，非流通株の株主（政府など）が流通株の株主（一般株主）に対して補償金を払うという方法が編み出された。この方法により，非流通株の流通株への転換が進み，発行済株式量の約3分の2を占めていた非流通株の割合は，2018年末には14.8％まで下がるに至った。

　一方，証券取引所の開設当時は，上場企業を審査・選別できる組織・人材が育っていなかったため，上場企業の枠が地方政府に割り当てられた。通常であれば，投資家保護と市場の質の確保の観点から，財務状況や業績等が一定の基準を満たした企業が上場することとなるが，地方政府は赤字で存続が危ぶまれている企業の存続を図るためにこの制度を活用した。すなわち，地元の雇用と

税収を守るため，上場を通じて得られる資金でこのような会社を存続させたのである。このような企業は競争力が低いにもかかわらず，地方政府の補助金等により延命されており，「ゾンビ企業」として現在（2022年12月）も続く問題として残っている。ゾンビ企業の存在は市場の生産性・効率性の低下につながるのみならず，多くのゾンビ企業が巨額の債務を抱えているため，不良債権として中国経済にとってのリスク要因となっている。

中国の外貨管理　輸出立国を目指していた中国は，1970年代後半に外国から工場設備を購入した結果外貨不足に陥った。そのため，さまざまな外貨獲得策が講じられると同時に，贅沢品や消費財などの輸入のために外貨が流出しないよう，外貨留保制（取得した外貨の一定割合を国家に上納しなければならない規制）などが導入されていた。中国が恒常的な国際収支黒字を達成した1994年以降は，このような外貨管理規制は撤廃されていった。

（5）民間企業と外資系企業の成長[60]

　計画経済のもとでは，社会主義国において資本家が経営する民間企業が存在してはいけないというイデオロギーがあり，民間企業は，一定規模のものは国有化され，小規模なものはグループにまとめられ集団所有制企業とされていた。しかし，国有企業，集団所有制企業だけで国民の求める財やサービスを提供できるはずもなく，実質は民間資本だが名目上は地方自治体や集団などの社会主義的組織が所有しているという形の「隠れ民間企業」が存在していた。そのように人目を忍んで活動していた民間企業だが，改革開放以降はその活動が合法化されていった。

　しかしながら，合法化後も民間企業に対する政治的な逆風はやむことはなく，民間企業の経営者は会社を政府に接収されるのではないかリスクに怯えながら活動を続けていた。そのような状態は，1997年の中国共産党第15回大会で，非公有経済（民間企業のこと）が「社会主義市場経済の重要な構成要素」として位置づけられたことで終止符が打たれた。その後，各産業において民間企業の

参入規制の撤廃など，民間企業の参入促進政策が進められ，さまざまな産業において民間企業が誕生・成長した。現在「BATH」として知られるテックジャイアントであるバイドゥ（2000年創業），アリババ（1999年創業），テンセント（1998年創業），ファーウェイ（1987年創業）もこの頃にスタートしている。その結果，卸売業，小売業，各種加工業などでは民間企業が優勢となったが，エネルギー，鉄道，航空などの産業では民間企業の参入規制が残っており，現在でも国有企業が支配的な位置を占めている。

　また，1979年に経済特区という形で解禁された外国からの直接投資は，**図表15－3**に示すとおり，1992年頃を境に急激に活性化した。背景としては，中国国内での外貨取引の環境整備が進んだことなどがあげられる。中国の安くて豊富な労働力または中国市場の潜在的な可能性が呼び水となり，前章2の（3）で言及した経済特区などでの合弁企業や独資企業の設立という形で参入が相次いだ。外資はこの時期の中国経済発展に大きく貢献し，雇用創出，輸出振興，技術導入などのさまざまな恩恵をもたらした。一方で，一部の産業では外資系企業が大きなシェアを獲得した結果，国内企業が苦しい立場に置かれることと

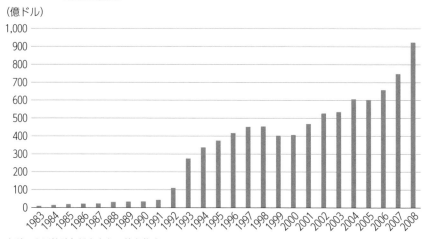

図表15－3　**外資による対中直接投資（実行ベース）の推移**

（億ドル）

出所：中国統計年鑑をもとに筆者作成。

なっている。

（6）WTOへの加盟[61]

　中国は2001年12月に世界貿易機関（WTO）へ加盟することで，市場開放路線をさらに加速させることとなる。WTOへの中国の加盟交渉は15年間にも及び，中国がWTOの前身である関税貿易一般協定（GATT）への加盟を初めて申請したのは1986年のことである。GATTは中華民国（台湾）が原締結国となっており同国が1950年にGATTからの脱退を通告していたため，中国（中華人民共和国）政府の加入交渉はその脱退が無効であり，GATT締結国としての地位の回復を主張するところから始まった。1986年当時中国は高い関税やその他の非関税障壁（規制）が多い状況であり，GATTへの加盟には改革を実施することが必要であった。1990年代には，関税の引き下げなどの改革を進めたが，1995年にGATTがWTOに発展的に改組され時間切れとなったことから，中国のGATT加盟は叶わず，さらに加盟交渉に時間を要することとなった。2001年11月のドーハ閣僚会議で満場一致で可決されたことで中国のWTOへの加入が実現した。

> **GATTとWTO**　GATTは1947年に署名された自由貿易を目指す協定のことである。第二次世界大戦の前の世界恐慌時に各国がブロック経済（本国と植民地，または同盟国が関税同盟や特恵関税により形成する閉鎖的経済体制）に走った反省からアメリカの主導の下構想されたもので，品目ごとの関税や非関税障壁の撤廃や引き下げを議論する国家間のラウンド交渉が繰り返し実施された。第8回目のラウンド交渉（ウルグアイ・ラウンド/1986－1994年）時に，より強力な紛争解決能力を有する国際機関を設立させることが決定し，1995年にWTOが設立された。WTO設立以降もラウンド交渉（ドーハラウンド/2001年～）は継続されているが，交渉妥結にはいまだに至っていない。164ヵ国が加盟するWTOの交渉が難航する中で，近年では2国間，またはより少数の複数国間の自由貿易協定（FTA）や経済連携協定（EPA）の交渉・締結が活発化している。

　中国は1994年以降国際収支の黒字が継続していることが象徴するように，輸

出主導型の成長を遂げてきており，WTOへの加入は輸出のさらなる加速を狙ったものであった。実際，その効果は絶大であった。WTO加盟により他の加盟国との間でより有利な条件での輸出が可能となったことで，**図表15－4**に示すように，WTO加入初年度の2002年以降中国の輸出額の成長は加速し，加盟後5年目の2006年には対2001年比で3.6倍にも膨れ上がっている。加盟直前の1996－2001年の5年間の輸出額の成長率が約76％であったことと比較することでも，WTO加盟が中国経済の成長に大きな影響を与えたことを見て取ることができる。

　一方，WTO加盟は中国サイドも市場を開放しないといけないことを意味する。中国はそれまで，工業分野での市場開放は取り組んでいたが，小売や金融，流通などのサービス業の対外開放には消極的だった。例えば，外資の進出がない小売業界においては，当時国有の百貨店が支配的であったが，サービスの水準が非常に低い状態であった。WTO協定の中の「サービスの貿易に関する一般協定（GATS）」に従い，中国はサービス業の対外開放を受諾した。その結果，スーパーやコンビニエンスストアなどの分野において日本企業をはじめとした外資系企業の進出により市場は活性化し，中国の一般市民の日常生活にも大きく影響することとなった。また，工業分野においても外資系企業に課せられていたパフォーマンス要求（原則輸出7割，国内販売3割の輸出要求，技術移転要求等）が撤廃されるなど規制緩和が行われた。WTO加盟を契機に中国国内市場の開放に向けた改革が加速したことで，1999年，2000年頃は停滞を見せていた中国への直接投資額も2001年以降再び成長に転じることとなった（**図表15－3**）。

　WTO加盟をその集大成とした積極的な対外開放を進めたことで，**図表15－3**の中国への直接投資の拡大が示すとおり，世界中の企業が中国の安くて豊富な労働力を求めて進出を行い，労働集約的な作業は中国の工場で行うというビジネスモデルが日本企業をはじめ多くの外資企業にとって典型的なものとなった。それに伴い，**図表15－4**に示すとおり，中国の貿易輸出額は急拡大を続け，2009年には約1.2兆ドルを突破し世界一となったが，その約5割は外資企業に

図表15－4　中国の貿易輸出額の推移

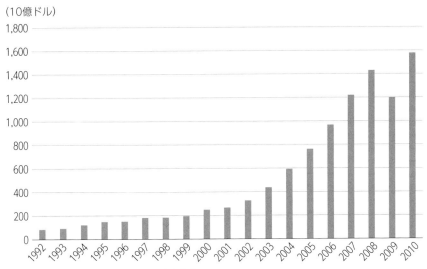

出所：国連貿易開発会議統計をもとに筆者作成。

よるものであった。結果，さまざまな国際ブランドにおいてMade in Chinaの
ものが世界中で見られるようになり，中国はいつしか「世界の工場」と呼ばれ
るようになった。主な貿易構造としては，日本から部品や機械を輸入し，最終
製品をアメリカに輸出するという「三角貿易」であり，2009年における中国の
最大の輸出相手国はアメリカ（シェア18.4％），最大の輸入相手国は日本（シェ
ア13％）となっていた。

（7）リーマン・ショックの中国への影響

　2008年9月に，アメリカの大手投資銀行リーマン・ブラザーズが巨額の負債
を抱えて倒産したことを契機とした世界的な金融・経済危機「リーマン・
ショック」が発生した。GDP成長率が毎年二桁の成長を続けていた中国経済も，
欧米・日本市場などへの輸出が落ち込み（**図表15－4**），厳しい状況に立たさ
れた。中国政府は年間実質8％成長を死守する「保八」を合言葉に，2008年11
月に2年間で4兆元（当時の為替レートで約57兆円。中国のGDPの十数％に

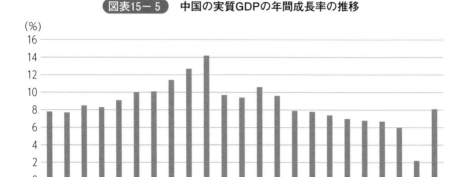

図表15-5　中国の実質GDPの年間成長率の推移

出所：中国統計年鑑をもとに筆者作成。

相当する）という大型の景気対策を発動した。この景気対策は，鉄道，道路，空港，湾岸などの交通インフラを中心に公共投資を行うことで雇用と需要を創出し，輸出の落ち込み分を補完しようというものであった。その結果，**図表15－5**に示すとおり，2009年，2010年の中国GDPは，2008年の14.2％からは落ち込んだものの，それぞれ9.7％，9.4％と8％以上の成長率が維持され，2010年には中国経済は日本を抜いて世界第2位の規模となった。4兆元の景気対策は景気刺激策としては抜群の効果を示し，中国経済だけではなくグローバル経済にも貢献したとされている。

　一方，この4兆元の景気対策のうち3兆元は地方政府が負担しないといけないこととなっていた。そのため，地方政府は，傘下の地方融資平台を通じて資金を調達した。融資平台の資金調達は，主に「理財商品」という金融商品を通じて行われた。理財商品は，銀行の正規融資を受けられない中国の中小企業や地方政府などに対し資金を供給するため，投融資先の債券などを組み合わせて販売するもので，10％を超える高利回りのものも多いため，個人投資家からも人気が高い。理財商品による資金調達は金融担当当局の監督を受けないため「シャドーバンキング」と呼ばれている。4兆元の景気対策のために地方政府が理財商品による資金調達を行ったため，これを契機に理財商品の発行残高は

急増した。リーマン・ショックを引き起こしたアメリカのサブプライムローンのように，景気が悪化し，債務不履行が相次いで発生すれば，実体経済に大きな混乱をもたらすことが危惧されている。このように，4兆元の景気対策は，中国国内外の経済の回復，国内の雇用の安定化に大いに貢献したが，理財商品の拡大という中国経済にとってのリスク要因の増大にもつながった。

地方融資平台[62]　日本の地方自治体の場合，事業実施のための予算が足りない場合は債券（地方債）を発行して資金を調達するが，中国の地方政府は債券の発行が禁止されている。そのため，地方政府に代わって，資金調達とデベロッパーの機能を兼ね備えた投資会社である地方融資平台が法律の抜け穴を縫う形で発達した。

2　製造強国への途（2010－2022年）

　改革開放の開始以降，中国は輸出産業主導で高い経済成長を遂げてきた。これを可能にしたのは，安くて豊富な労働力であった。前章の2，本章の1で述べたとおり，外資企業への規制を徐々に緩和することで，沿岸地域に外資企業を誘致し，輸出産業の育成を行った。そこに，農村部からの出稼ぎ労働者が次々と集まることで，外資企業は低賃金で労働力を大量に確保することができた。1990～2000年代には，中国に工場をつくって製造を行うというビジネスモデルが多国籍企業の間で一般的となり，労働コストが低いことが中国製品の競争力を高めていた。

　一方，中国の経済成長率は2010年頃を境に緩やかな減速が続いており（**図表15－5**），その成長力に陰りが見え始めた。2013年3月に国家主席に就任した習近平はこの事態を「新状態（ニューノーマル）」と表現することで，中国経済が新たな成長フェーズに入ったことを示すとともに，無理をしてかつての高成長率を追い求める必要性はないという意向を表明した。

（1）二重経済モデル[63]

　習近平が新常態と表したように，中国経済はGDP成長率を基準として2010年頃から新たな成長フェーズに入ったと考えられている。一方で，中国のような安くて豊富な労働力が主導する経済成長のフェーズ転換を説明する開発経済学のモデルとして，「二重経済モデル（ルイスモデル）」というものがある。ここでは，二重経済モデルの視点を通じて，中国の経済成長の転換点について論じたい。

　二重経済モデルは，1950年代にイギリスの経済学者アーサー・ルイスが提唱したもので，発展途上国の経済は伝統的な農業の世界（非資本主義の世界）と近代工業（資本主義の世界）の世界との2つの世界から成り立っているとしている。農業の世界では，労働者（農民）が過剰に存在しており，労働の限界生産力は非常に低く，ときに0となることやマイナスになることがある。労働の限界生産力とは，労働力を1単位追加した場合の生産量の増加分であり，これが0ということは労働者の数が増えても生産量が全く増えないことであり，マイナスとは労働者が増えたらかえって生産量が減ってしまう状態であることを意味する。つまり，労働者数が過剰すぎて，労働者を少し増やしたり減らしたりしても生産量にはほとんど影響しない状態のことである。経済発展の初期の段階では，労働者のほとんどが農業に従事しており相対的な生産性が低いことが前提とされている。一方，近代工業の世界は企業が利潤を最大化できるような数までしか労働者を雇わない資本主義的・合理的な世界であり，賃金は労働の限界生産力が等しくなる水準で決定される。

　このように発展途上国では農業の世界と近代工業の世界が併存する「二重経済」の状態となる。農業の世界の余剰な労働者は，近代工業の世界の賃金が農業のものより少しでも良ければ移っていく。近代工業は低賃金で農業の世界の余剰人材を雇い入れ，利益が上がれば再投資を行い，さらに新たに労働者を雇うことを繰り返す。こうすることで農業の世界の余剰労働力は徐々に近代工業の世界に移っていき，農業の余剰労働力が枯渇した時点で，農業，近代工業の

世界は一体化し，農業も利益を最大化する範囲で労働者を雇うようになる。この農業の余剰労働力が枯渇する時点を「ルイスの転換点」と呼ぶ。発展途上国が経済発展を遂げるにおいて，現時点でルイスの転換点に至っているかどうかを見定めることが重要である。

　ルイスの転換点に至った以降（余剰労働力が枯渇した以降）は，労働者の不足が生じ，賃金を上げないと新たな労働者を確保することが難しくなる。そうなると，安い労働力を武器としていた発展途上国は徐々にその武器を失うこととなる。安い労働力で経済の急成長を遂げた一方で，成長に伴い労働コストが上昇することで工業製品の国際競争力が失われ，それ以上の成長がなかなか進まない現象を「中所得国の罠」と呼ぶ。発展途上国が中所得国までは成長するが，高所得国と呼ばれる水準には至れない，または時間がかかるという事例は少なくなく（アルゼンチン，ブラジルなど），日本のようにスムーズに高所得国まで経済成長するという事例はむしろ少数派である。したがって，発展途上国の政策担当者は，自国がルイスの転換点に到達したかどうかを見極め，安い労働コストだけではそれ以上は成長を続けることができないことを念頭に，イノベーションの促進や産業構造の改革など労働集約型ではない産業を志向する新たな経済成長の戦略を実行し，中所得国の罠に陥らないようにすることが重要である。

> **所得による国のクラス分け**　中所得国，高所得国などのカテゴリーは，世界銀行が１人当たりのGNP（国民総生産）に基づき各国をクラス分けする際に用いるもので，**図表15－6**のように定められている。また，「中所得国の罠」という概念についても，2007年に世界銀行により提唱されたものである。

　中国がルイスの転換点をいつ迎えたかについての議論はいまだに収束しておらず，まだ到達していないとする主張も少なくない。例えば，中国社会科学院副院長である蔡昉（ツァイ・ファン）氏が中国沿岸部での労働者不足の発生と労働者の賃金の上昇が始まったことを理由に中国のルイスの転換点到達を2004年としている一方で，2000年代後半に農村部の余剰労働力自体を推計した南亮

図表15-6　世界銀行の所得によるクラス分け（2022－2023年）

グループ	1人当たりGNP（USドル）
低所得国（Low Income）	＜1,085
低・中所得国（Lower-middle income）	1,086－4,255
高・中所得国（Upper-middle income）	4,256－13,205
高所得国（High Income）	＞13,205

出所：World Bank Blogs「New World Bank country classifications by income level：2022－2023」から筆者作成。

　進氏らや丸川知雄氏は，農村の余剰労働力は残っておりルイスの転換点にはまだ到達していないと論じた（南氏らや丸川氏は，中国は2015年頃から複数年にわたってルイスの転換点に到達している最中であると述べている）。彼らが導き出した結論が異なる要因としては，彼らが設定する「ルイスの転換点」の定義が異なることがあげられる。蔡氏の場合，「ルイスの転換点」は農業の生産人口が減少して農業生産が減少を始める時点と捉えているが，南氏ら，丸川氏は農業の余剰労働力が完全に枯渇した時点であると定めている。

　「ルイスの転換点」の厳密な定義を考えた場合は後者を採用することがより適切であるが，経済成長戦略の変更すべきタイミングを知って中所得国の罠にはまらないようにするという視点からは，近代工業への労働供給・賃金動向等に焦点を当てるスタンスのほうが好ましいのではないかと筆者は考える。実際に，農業から近代工業に移る労働者の近年の賃金動向を見てみると，中国は「賃金を上げなくても労働者を確保できる」状態ではなくなっていることが見えてくる。中国国家統計局が2009年より公表を開始した「農民工観測調査報告」において，農村部からの出稼ぎ労働者（農民工）の平均月収が公表されているが，**図表15-7**のとおり農民工の月収は2008年の1,340元から，2013年の2,609元，2020年の4,072元と一貫してかつ長期的に上昇しており，2020年と2008年を比較すると約3倍にも至っている。

　農民工の継続的な賃金の上昇（**図表15-7**）やGDP成長率の鈍化（**図表15-5**）だけでは，ルイスの転換点（余剰労働力の枯渇）に到達したかどうか，

図表15－7　農民工の平均月収の推移

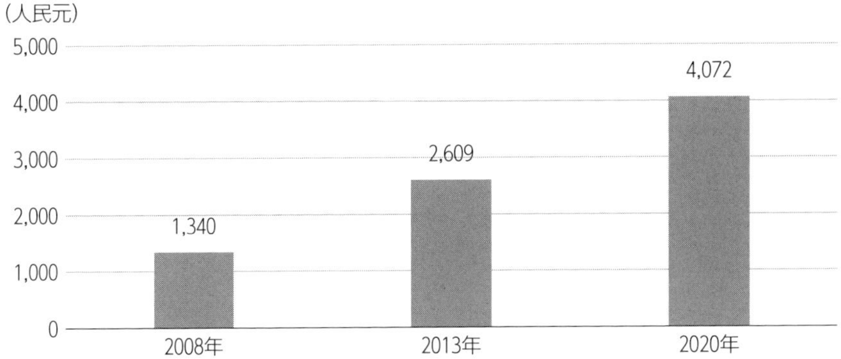

（人民元）

出所：国家統計局「農民工観測調査報告」をもとに筆者作成。

いつ到達したかを正確に判断することはできないが，非常に示唆的である。農民工の月収へのこれほど強い上昇圧が継続して働いていることを考えると，遅くとも2010年代前半に中国はルイスの転換点に到達していたのではないかと筆者（本田）は考える。

　実際としては，中国は「中所得国の罠」には嵌っていないようである。中国の１人当たりGNPは順調に成長を続けており，2021年には１万2,438USドルに至っていることから，中国の高所得国入りは目前であるとみられている。理論上，ルイスの転換点に到達せずに高所得国に成長することも起こりうるが，高所得国になるほどまでの限界生産力が０に近い労働力を，中国の農業が保有し続けるということも考えにくいのではないだろうか。

（2）「一帯一路」構想と「供給側の構造改革」[64]

　2013年３月に習近平が国家主席に，李克強が国務院総理に就任し，習政権がスタートした。習政権は，同年秋には，「シルクロード経済ベルトと21世紀海洋シルクロード（一帯一路）」構想を提唱した。これは，文字どおり古代シルクロードからの着想を得たもので，中国とアジア・中東・欧州・アフリカをつなぐ陸上・海上のシルクロード（一帯・一路）を実現するため沿線国における

湾岸，鉄道や道路などの整備を中国の援助や投資により実施するという構想である。その後，一帯一路構想は協力範囲を広げ，医療や芸術文化分野も盛り込まれた。2023年1月1日時点で，中国は当該構想に賛同する140ヵ国，32の国際組織と計206件の覚書を交わしているが，基本的には中国と当該国との間で経済・文化協力を推進するという内容であり，EUのように賛同国が排他的な経済圏を形成するといったものにはなっていない。また，当該構想を実現するためインフラ整備の金融支援を担う国際金融機関「アジアインフラ投資銀行（AIIB）」および「シルクロード基金」がそれぞれ2015年，2014年に設立された。AIIBは中国が主導するアジア太平洋地域のインフラ整備を支援する国際金融機関で92の国と地域が正会員として参加しており，これまでに202のプロジェクトに388億USドルを投資している（2023年1月1日時点）。なお，日本とアメリカはAIIBには参加していない。一方，シルクロード基金は，アジアのインフラを整備する目的で中国が独自に創設したファンドで，AIIBとは異なり中国独自の判断で投資先を決めることとなっている。ファンド規模はドル建て分400億USドル，人民元建て1,000億元である。

　習政権がこのようなインフラ分野での国際協力の枠組みを構想・実行した背景としては，中国国内の鉄鋼等の建築資材の余剰在庫を消化することが目的だったのではないかと指摘されている。リーマン・ショック後の4兆元の大型景気対策（本章1の（7）参照）によってインフラ投資が活性化され，鉄鋼の生産も伸びたが，2010年から2011年にかけて金融引き締め策をとったため，長期的に伸びていた中国国内の鉄鋼の消費量は2013年以降にピークアウトした。粗鋼生産については，リーマン・ショック前から中国政府も生産過剰を問題視していたが，リーマン・ショックの影響を受け供給サイドの構造改革は先延ばしされ，さらに状況が悪化した形だ。**図表15-8**のとおり，中国は世界の粗鋼生産量の約半分を占め，大量に輸出も行っていたため，生産過剰は日米欧の鋼鉄メーカーにも影響を与える国際問題となっていた。ちょうど40兆元の景気対策の反動が顕在化した2013年に，かねてから問題視していた粗鋼の余剰在庫の処分先を海外で開拓しようとしたのかもしれない。

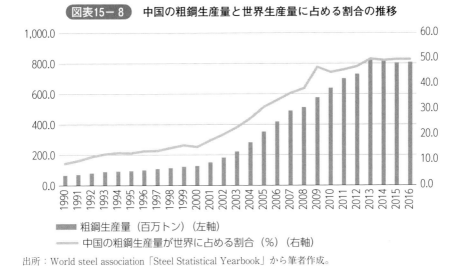

図表15-8　中国の粗鋼生産量と世界生産量に占める割合の推移

粗鋼生産量（百万トン）（左軸）

中国の粗鋼生産量が世界に占める割合（％）（右軸）

出所：World steel association「Steel Statistical Yearbook」から筆者作成。

　一方，リーマン・ショック後の４兆元の景気対策の後遺症（過剰生産）が残っている国内産業に対しては，需要を創出する景気刺激策を取るのではなく，「供給側の構造改革」を推進した。これは，景気を刺激することで需給バランスを取るのではなく，供給側で需要側のニーズを踏まえた製品・供給量を提供し，過剰生産を解消しようというものである。具体的には，鉄鋼産業・石炭産業を中心に生産の削減目標を設定し，地方政府に割り当てた。しかしながら，減産をした場合，地域の雇用や税収に影響するため，中央政府の減産方針に従わない地方政府もあった。そのため，中央政府は，減産に伴う失業者問題の解決を支援するために専用基金を創設するほか，方針に従わない地方政府を呼び出し処分するなど，アメと鞭を使い分けて厳格な執行管理を行った。その結果，減産目標は達成された。

（3）製造大国から製造強国へ（中国の産業技術政策）[65]

　1978年からの改革開放の推進により，安くて豊富な労働力を武器として，中国は「世界の工場」（製造「大国」）として急速な成長を遂げてきた。しかしな

がら，中国の人件費の上昇や人材不足の発生（ルイスの転換点の到来），ベトナムなどのより人件費の安い国が製造拠点として台頭してきたことにより，成長に陰りが現れている。そのため，中国政府は，これまでの外資の下請けともいえる労働集約的な産業から，自国の技術を活用したより付加価値の高い産業構造への転換を目指しており，それを実現した姿を製造「強国」と呼んでいる。

　新常態を迎えた2010年代以降，製造強国への転換（成長モデルの転換）がより強く求められるようになったわけであるが，それに至るまでの中国の産業技術政策の歴史について簡単に言及したい。中国は，計画経済時代は政府主導により他国からの技術導入を行った。1950年代は旧ソ連や東欧諸国から鉱工業設備を一式フルセット導入することで技術導入を進めていたが，1960年代以降は外交情勢の変化（ソ連との仲違いや西側諸国との国交回復）に伴い，日本，西ドイツ，フランス，イギリスなどから，石油化学工業を中心に大型工場を設備一式購入することが進められた（これによって中国は深刻な外貨不足に陥った）。なお，計画経済時代には大躍進政策時などに自国企業による技術革新の試みも行われたが，ほとんどが失敗に終わり目ぼしい成果が上げられることはなかった。

　改革開放（1978年）以降は，外資の直接投資により技術導入が進められた。外資が中国進出する際に必ず中国企業との合弁企業を設立することを要件として定め，出資割合も外資が50％以下になるように制限することで，外資の有する技術が中国企業へ移転することを狙った政策がとられた。一方で，2000年代に入ると，中国政府の公表する産業技術政策の計画の中に，「外資に頼った技術政策では不十分であり，自国企業の技術開発を促進すべき」という論調が目立つようになってくる。例えば，2006年に公表された「第11次5ヵ年計画」にも「自主イノベーション能力の向上」が重要課題とされており，研究開発費の拡大，独自の知的財産権とブランドを有した国際競争力を備えた企業の創出を目指すことがうたわれている。

　実際に，**図表15－9**に示すとおり，中国の研究開発費（政府や大学，企業などが研究開発に投入する予算）は2000年代初頭から急激に伸び，2013年の時点

図表15－9　研究開発費の推移

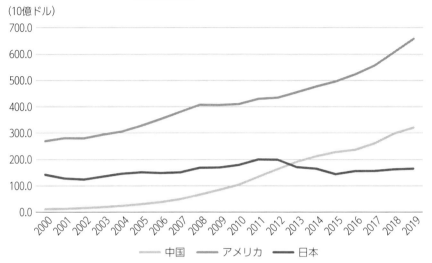

出所：中国科技統計年鑑をもとに筆者作成。

で日本を逆転し，2019年には2000年の約30倍にも拡大している。改革開放以降に外国から導入した技術を下地に，自国での研究開発を活発化させることで，2010年代には，DJI（ドローン技術），ファーウェイ（通信技術）など世界の技術開発をリードする中国企業の台頭も目立つようになってきた。

　中国政府はこのような製造大国から製造強国への転換を加速させるため，2015年5月に「中国製造2025（Made in China 2025）」を発表した。中国製造2025は，習政権が打ち出した産業振興の国家戦略であり，2025年までに製造強国の仲間入り，2035年までに世界の製造強国の中等レベルへの到達，2049年（建国100周年）までに世界の製造強国の先頭グループに入るという3ステップによる目標を掲げている。それに向けて，次世代情報技術や新エネルギー自動車など10の重点産業分野を設定し，その核となる素材や部品の国内調達率を2020年までに40％，2025年までに70％に引き上げるという数値目標を設定し，技術の内製化を図ることに重きを置いている。戦略の実現に向けて，ハイテク企業への税制優遇や産業補助金政策が実施され，日本経済新聞社の集計によると，

中国本土の上場企業が受け取った政府補助金の総額（年間）は，2013年から2018年までの5年でほぼ倍増し，2018年には1,562億元に至った（同年の上場企業の純利益総額の5％程度に相当）。このような中国製造2025を中心とした中国の製造業の振興策は，かねてから対中貿易赤字を問題視していたトランプ政権下のアメリカとの本格的な貿易摩擦の引き金となっていく。

海亀族 [66] 　中国の急速な技術革新と産業発展には，「海亀族（ハイグェイ）」と呼ばれる人たちの貢献が大きい。海亀族とは，海外に留学して高い知識と技術を身につけた中国人のことである。海外から帰ることを指す中国語の「海帰」と「海亀」の発音が似ていることに由来する。中国では，国民の教育水準の向上に伴い，国内の大学の競争率が増している。それに伴い，**図表15－10**に示すとおり海外に留学する中国人の学生数も増加傾向にある。中国政府は，海外の知識・技術を学んだ中国人人材を呼び戻して国内の発展に生かそうという政策を進めており，例えば優秀な中国人研究者を対象に，帰国した場合の起業資金の援助，家賃支援や税制優遇などを行っている。その結果，2001－2019年の間に約410万人の中国人が海亀族として帰国している（**図表15－10**）。

　海亀族の留学先の多くは技術大国であるアメリカである。アメリカの大学に留学し，グーグルやマイクロソフトなどの米国企業で勤務したのちに中国に帰

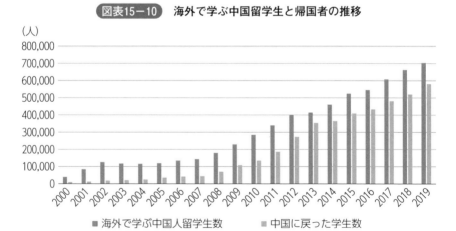

図表15－10　**海外で学ぶ中国留学生と帰国者の推移**

■ 海外で学ぶ中国人留学生数　　■ 中国に戻った学生数

出所：中国統計年鑑をもとに筆者作成。

り，中国国内の企業や大学の研究者，スタートアップの創業者などとして中国経済の発展に貢献している。検索エンジン大手バイドゥ（百度）の張亜勤総裁が海亀族の先駆けとして知られるが，張氏は米国ジョージ・ワシントン大学で博士号を取得し，マイクロソフトで勤務したのちに，バイドゥに参画した。後述する米中貿易摩擦や新型コロナウイルスのパンデミックの影響による若干の減少はあるものの，パンデミック以降もアメリカに留学する中国人は多い。2020−2021年においても，アメリカにいる留学生のうち約35％を中国人が占めるなど，将来の海亀族候補人材も依然豊富な状況にある。

　あまり日本では知られていないが，中国の大学とアメリカの大学が連携してテック系人材の育成を図っている大学院プログラムも存在している。シアトルにあるワシントン大学では中国の清華大学と共同で，2017年からGlobal Innovation Exchange（GIX）という技術イノベーションに特化した大学院プログラムを提供している。GIXの立ち上げにはマイクロソフトも関わっており，立ち上げに際して同社から4,000万ドル（約50億円）の寄付が実施された。GIXにおいて，学生はロボット技術や通信技術，スタートアップを立ち上げるアントレプレナーシップを学び，最後の半年にはマイクロソフトやＴモバイル（アメリカの通信キャリアの最大手の１つ）といった米国企業などが提案する実際の社会課題を解決するためのビジネスアイディアの構築に取り組む。これにより，学生は技術や起業に関する知見・経験とともに企業関係者とのコネクションを得ることができ，さらにはワシントン大学と清華大学の双方の修士号（Dual Degree）を得ることができる。GIXの授業料は年間６万ドル（GIXスタッフへの筆者の聞き取りによる）と比較的高額であるが，アメリカの技術やアントレプレナーシップを実地で学べ，米中の名門大学の学位を一挙に取得できることは留学生にとっては非常に魅力的であるようで，中国や他の国（インド，韓国等）からの留学生を中心に110名（2023年１月現在）の学生が在籍している。このように米中が共同で実施するアントレプレナー育成のためのプログラムがアメリカの名門大学にあることは，将来の海亀族候補の育成につながっていると思われる（一方，米中貿易摩擦が本格化した2018年以降は米中連携をPRしづらいようである。筆者がGIXのスタッフに尋ねたところ，中国政府からの資金援助は一切受け取っていないことを強調していた）。

　日本では，岸田政権となってからスタートアップ政策への注目が集まっており，今後５年間で起業家や学生をシリコンバレーに1,000人派遣するという政策が実施されている。これは，経済産業省が2015年から実施している「始動プログラム」の規模を拡大するものである。始動プログラムにおいて，参加者は

日本でイノベーションに関する2ヵ月程度の研修を受けた後にシリコンバレーに2週間ほど滞在し，ベンチャーキャピタルへのビジネスアイディアのプレゼンなどを行うという内容である。もちろん，このような取組も実施しないよりはやったほうがよいであろうが，言語の壁もあるため起業家の2週間程度の滞在では不十分ではないだろうか。アメリカのアントレプレナーシップや技術を取り入れることでスタートアップ政策を成功させたいのであれば，中国に進出した外資や海亀族を通じて外国の技術やアイデアを活用して，ユニコーン企業数世界第2位（**図表15－11**参照）を生み出している中国の成功事例（海亀政策）からも学ぶことは多いであろう。

　先述のGIXは2017年の立ち上げ以来，18ヵ国からの学生が大学院に入学しているが，日本からの留学生が来たことは一度もないそうである。しかしながら，米中双方の技術・ビジネス知識と優秀な人材とのコネクションを得ることができるという点で，米中市場に挟まれた日本の起業家志望の学生にとってもGIXは有益であると思われる。おそらく，日本の大学生はこのような国際的な大学院プログラムがあるという情報を知らないのであろう。GIXは，学術連携メンバーとして，スイス連邦工科大学ローザンヌ校，香港科技大学，インド工科大学，韓国のKAIST，イスラエル工科大学などとも連携しており，それらの国からの留学生を受け入れている。日本の大学がこのような国際的な大学院プログ

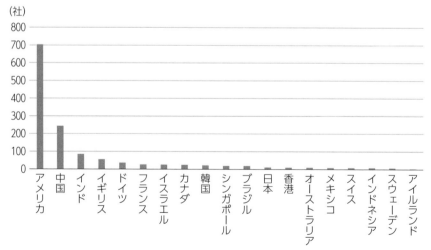

図表15－11　国別のユニコーン企業数（2022年11月時点）

出所：Statista (2022)「Number of unicorns globally as of November 2022, by country」をもとに筆者作成。

ラムに参画することができれば，日本にとっての将来の海亀族候補が海外に飛び出すきっかけになるのかもしれない。

（4）米中貿易摩擦[67]

　2018年6月にアメリカが中国の技術移転政策への報復に対する追加関税を課したことを発端に，米国貿易摩擦が顕在化する。トランプ政権下のアメリカは，中国がアメリカの企業や大学の技術を合法・非合法問わず不当に入手しており，そのことがアメリカの経済のみならず安全保障にも脅威となっていると主張し，中国製品への追加関税（制裁措置）のほか，2018年8月にはコンピュータ，防衛などのハイテク関連の27の分野を対象に，海外企業がアメリカ国内で投資する場合に「対米外国投資委員会」への事前申請を行うことを義務づけた。また，海亀族が技術流出の一端を担っているとして，中国からの留学生へのビザ発給基準を厳格化した。さらには，同年12月には，中国の大手通信機器メーカーであるファーウェイの孟晩舟副会長がアメリカ合衆国連邦政府の要請により，対イラン経済制裁に違反して金融機関を不正操作した容疑でカナダのバンクーバーで逮捕されるというセンセーショナルな事件も起きた。2020年1月に米中経済貿易協定が締結されたが，その後もアメリカ政府による中国企業の締め出しの動きは続いた。アメリカでは，2021年にトランプ大統領からバイデン大統領へ政権交代したが，その後もアメリカの中国に対する厳しい態度は継続され，2022年にはアメリカによる対中国向けの半導体への厳格な輸出管理措置が科せられ，それを不服とした中国がWTOにアメリカを提訴するなど，事態は「半導体戦争（CHIP WAR）」と呼ばれる新展開に突入している。

　従来の覇権国と台頭する新興国家が引くに引けず衝突を余儀なくされる状況は，古代ギリシャ紀元の都市国家スパルタ（覇権国）とアテネ（新興勢力）が大戦争に陥ってしまった史実をもとに「トゥキュディデスの罠」と呼ばれる。古代アテネの歴史家であるトゥキュディデスは，スパルタとアテネが衝突した「ペロポネソス戦争」について客観的な観察を行い『戦史（ペロポネソス戦争

の歴史)』を著した。同著は，当初，不戦条約も結んでいたスパルタとアテネの2つの都市国家が30年間も続くペロポネソス戦争に突入する経緯を細かく描写し，戦争を避けられなかった原因は，強まるアテネの力と，それに対するスパルタの恐怖心にあったとしている。このような覇権国と新興勢力の構造的な対立構造は，まさに台頭する新興勢力である中国と，それに恐怖を抱く覇権国であるアメリカの間の貿易摩擦にも共通している。対立が構造的なものであり，歴史上の多くの覇権国・新興勢力の対立構造が戦争に至っていることから，衝突のさらなる長期化・激化が懸念されている。

（5）共同富裕（格差の是正）[68]

　アメリカと覇権を争う経済大国となり，高所得国の仲間入りも目前に迫る中国であるが，社会主義国家の看板は現在も降ろしていない。鄧小平は，改革開放の初期に小康社会（比較的ゆとりのある生活状態を実現した社会）を打ち建てることを目標に掲げ，その方法論として「先富論」（条件が整った地域が先に豊かになる）を提唱し実行したが，それには最終目的として「共同富裕」（先に豊かになった地域が他の地域を助けて，ともに豊かになる）がセットとなっていた。しかし，**図表15−12**に示すとおり，ジニ係数および富裕層上位1％が持つ富の割合は上昇傾向にあり，中国の所得格差は拡大傾向にあることが示唆されている。さらに，李克強首相（当時）が2020年5月に「毎月の収入が1,000人民元程度（日本円で1万7,000円程度）の人がまだ6億人いる」と発言するなど，共同富裕は実現に向けた進捗が芳しくない。

　このような中，習近平国家主席は2021年7月に小康社会の達成を宣言した一方，その次の課題として「共同富裕」を掲げた。中国共産党中央財政委員会では，共同富裕に向けた所得の分配方法として**図表15−13**に示す3種類があるとし，これらの分配を通して低所得者の所得を向上させて，中間層の厚みをもった社会を目指すとしている。

　1次分配については，高すぎる収入の是正や違法収入の取締りを強化することで分配を最適化する取組が行われた。具体的には，高い収益を上げてきたア

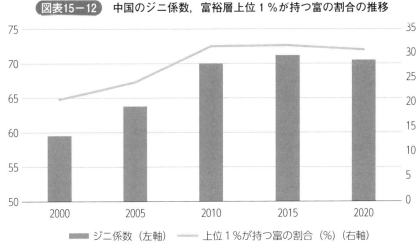

図表15-12　中国のジニ係数，富裕層上位１％が持つ富の割合の推移

出所：Credit Suisse Research Institute (2022)「Global Wealth Report 2022」をもとに筆者作成。

図表15-13　「共同富裕」に向けた所得分配のイメージ

分配の種類	概要	具体的な取組
1次分配	市場での所得分配 　労働の対価（賃金など）の引き上げなど	政府による指導・取締りの強化 　ITプラットフォーマー（独占禁止法），学習塾（非営利化），不動産（融資への規制強化）など
2次分配	政策・制度による所得分配 　税制改革（所得税，固定資産税，相続税）や社会保障の充実，地方への財政支出など	税制改正 　不動産税（固定資産税）の試験導入
3次分配	自発的な所得分配 　富裕層による寄付・慈善活動など（税制優遇により奨励）	企業による共同富裕基金の設立 　アリババ，テンセントなどが大型の基金を設立

出所：各種報道をもとに筆者作成。

リババ，テンセントなどのITプラットフォーマーを対象に独占禁止法による取締りを強化し，2021年４月にはアリババに対して同法に違反したとして182億元（約2,916億4,800万円）の罰金を科した。また，2021年４月には厳しい受

験戦争を背景に授業料が高額化していた中・小学生向けの学習塾に対して「非営利化」させる方針を打ち出し，市場に衝撃を与えた。さらに，住宅価格が高騰していた不動産会社への融資の規制を強化したほか，未成年のオンラインゲーム利用時間の制限の導入など，高収益を上げていた業界への規制強化を行った。

　2次分配については，2021年10月に日本の固定資産税にあたる「不動産税」を一部の地域で試験導入することが決定された。しかし，所得税，相続税などの所得分配の「本丸」に切り込む動きは見られていない。

　3次分配については，アリババ，テンセントなどのITプラットフォーマーによる共同富裕に関する基金の設立や，IT企業の創業者が個人として寄付を行う動きが相次いだ。

　このような「共同富裕」に向けた中国政府の所得分配の強化については，規制強化の影響で大手企業や複数の業界で業績が悪化しており，それによって経済活力や技術革新の勢いが落ち，中国全体の成長が下押しされるリスクが指摘されている。一方で，中国政府が目指す中間層に厚みを持たせた社会が実現できた場合，「生産社会」から「消費社会」への転換が進むことで，社会・経済のさらなる成長が期待される。中国政府は，中間層を「3人家族で年間所得が10万〜50万人民元（200万円〜1,000万円）」と定義しており，現在約4億人のこの中間層を2030〜2035年に約8億〜9億人に倍増させることを目標に掲げている。

ジニ係数　社会における所得配分の平等・不平等を計るための尺度。0から1までの数字で示され，0に近づくほど平等，1に近づくほど不平等で格差が大きいことを意味する。0であれば，社会の中の全員，皆完全に同じ所得であり，逆に1であれば，1人が社会の所得のすべてを一人占めしているような状態となる。

　なお，0から100の数字で示すこともあり，0から1の場合と同様に0の場合は完全平等社会，100の場合は完全不平等社会と見なす。**図表15−12**では0から100で示している。

> **生産社会と消費社会**　産業が十分に発達し，ほぼすべての国民が，生きていくの
> に必要な消費だけでなく，文化的な欲求を満たすための財やサービ人を消費す
> ることができる社会を消費社会と呼び，その段階に至るまでの，消費よりも生
> 産に高い価値を置く社会のことを生産社会と呼ぶ。

（6）総　括

　第3編では，1949年の中国の建国から，1950－1970年代の計画経済時代，1978年以降の改革開放による市場経済への転換，世界の工場として高度経済成長を遂げ世界第2位の経済大国となった中国のダイナミックな経済史の大きな流れを概説した。本編の冒頭に記したとおり，中国経済はいずれアメリカを追い抜き世界一の規模となると目されているが，2020年1月からの新型コロナウイルスによるパンデミックに加えて，収束の見えない米国との貿易摩擦，さらには台湾有事（中国による台湾侵略）の懸念による対中投資の減速などの悪影響により，その実現は先延ばしになるであろうという見方が強まっている。さらに，本編では記しきれなかったが，1979年に開始された「一人っ子政策」などの影響による少子高齢化も中国経済の将来に大きな影を落としている。

　このように課題山積の中，習近平国家主席による政権は異例の3期目に突入した。習政権が今後どのような舵取りを行い，中国経済はどのような方向に変貌していくのか。いまや，中国は日本にとって最大の貿易相手国となっている。隣国であり，最大の貿易パートナーである大国・中国の行く末はわが国日本にとって非常に重要であり，多角的な視点からの注視・分析を続けることが求められる。

【注】

47　丸川知雄（2021）を参考に執筆している。

48　丸川知雄（2021），南亮進ら（2016），魏加寧ら（2020），青木浩治ら（2003）を
　　参考に執筆している。

49　丸川知雄（2021），南亮進ら（2016），青木浩治ら（2003）を参考に執筆している。

50　丸川知雄（2021），南亮進ら（2016），魏加寧ら（2020），青木浩治ら（2003）を
　　参考に執筆している。

51　丸川知雄（2021），南亮進ら（2016），青木浩治ら（2003）を参考に執筆している。

52　丸川知雄（2021），南亮進ら（2016），蔡昉ら（2019）を参考に執筆している。

53　丸川知雄（2021），南亮進ら（2016）を参考に執筆している。

54　丸川知雄（2021）を参考に執筆している。

55　丸川知雄（2021），南亮進ら（2016），青木浩治ら（2003）を参考に執筆している。

56　南亮進ら（2016），青木浩治ら（2003）を参考に執筆している。

57　丸川知雄（2021），南亮進ら（2016），青木浩治ら（2003）を参考に執筆している。

58　丸川知雄（2021），青木浩治ら（2003）を参考に執筆している。

59　丸川知雄（2021），南亮進ら（2016），青木浩治ら（2003），三尾幸吉郎（2016）を参考に執筆している。

60　丸川知雄（2021），南亮進ら（2016）を参考に執筆している。

61　丸川知雄（2021），南亮進ら（2016），関志雄（2010）を参考に執筆している。

62　室井秀太郎（2018），南亮進ら（2016），関志雄（2010）を参考に執筆している。

63　丸川知雄（2021），南亮進ら（2016），蔡昉ら（2019）のほか，内閣府「世界経済の潮流　2013年II」を参考に執筆している。

64　室井秀太郎（2018）のほかNHK（2022）「目指せ！　時事問題マスター　1からわかる！　中国「一帯一路」ってなに？　改訂版」，https://www3.nhk.or.jp/news/special/news_seminar/jiji/jiji22/，Asian Infrastructure Investment Bankホームページ，Silk Road Fundホームページ，http://www.silkroadfund.com.cn/enweb/23773/index.html，経済産業省（2019）『通商白書2018』第2節　世界的な過剰生産能力問題への対応，https://www.meti.go.jp/report/tsuhaku2018/2018honbun/i2220000.htmlを参考に執筆している。

65　丸川知雄（2021），南亮進ら（2016），NHKスペシャル取材班（2019）のほか，日本経済新聞「中国の産業補助金5年で倍増　18年，上場企業に2.4兆円」（2019年12月16日記事），https://www.nikkei.com/article/DGXMZO53417490W9A211C1MM8000/?n_cid=DSREA001を参考に執筆している。

66　NHKスペシャル取材班（2019），Laura Sliver（2021），菅原透（2018）のほかThe University of Washington's Global Innovation Exchangeホームページ，https://gix.uw.edu/および経済産業省「始動プロジェクト」ホームページ，https://sido.jp/，を参考に執筆している。

67　NHKスペシャル取材班（2019）を参考に執筆している。

68　Credit Suisse Research Institute（2022）「Global Wealth Report 2022」，東洋経済「中国経済はどう変わる？　習政権が掲げる「共同富裕」とは」（2022年6月23日記事），https://zuuonline.com/channels/toyoshoken/239352を参考に執筆している。

【参考文献】

青木浩治，藤川清史（2003）「現在中国経済」ホームページ，http://kccn.konan-u.ac.jp/keizai/china/menu.html#（2023年3月1日閲覧）

朝日新聞（2020年10月23日記事）

猪瀬聖（2020）「幻に終わった「トランプの壁」バイデン氏は建設中止を表明　どうなる不法移民対策」『Yahoo! ニュース』（2020年12月29日記事），https://news.yahoo.co.jp/byline/inosehijiri/20201229-00215139（2023年3月1日閲覧）

NHK（2022）「目指せ！　時事問題マスター　1からわかる！　中国「一帯一路」ってなに？　改訂版」ホームページ，https://www3.nhk.or.jp/news/special/news_seminar/jiji/jiji22/（2023年1月1日閲覧）

NHKスペシャル取材班（2019）『米中ハイテク覇権のゆくえ』NHK出版新書

大蔵省関税局輸出課「外国貿易概況」

岡田晃（2019）「平成の日本経済が残したもの」『マイナビニュース』（2019年4月16日記事），https://news.mynavi.jp/article/heiseieconomy-6/（2023年3月1日閲覧）

岡野杏有子（2020）「社会保障　どうなる？　「オバマケア」」NHKホームページ（2020年1月21日記事），https://www3.nhk.or.jp/news/special/presidential-election_2020/basic/issue-and-point/issue-and-point_07.html（2023年3月1日閲覧）

河音琢郎（2008）「第1章　租税・財政政策」『G・W・ブッシュ政権の経済政策—アメリカ保守主義の理念と現実—』河音琢郎・藤木剛康編著（2008），ミネルヴァ書房

河音琢郎・藤木剛康編著（2008）『G・W・ブッシュ政権の経済政策—アメリカ保守主義の理念と現実—』ミネルヴァ書房

関志雄（2010）「世界一の輸出大国となった中国—貿易大国から貿易強国へ—」『RIETI－世界一の輸出大国となった中国—貿易大国から貿易強国へ—』（2010年2月24日）独立行政法人経済産業研究所

魏加寧，王瑩瑩，等（監訳：関志雄，翻訳：岡嵜久実子，岡野寿彦，李粋蓉）（2020）『中国の経済改革　歴史と外国に学ぶ方法論』日本経済新聞出版

楠本眞司（2012）『日本経済の三〇年～産業循環の視点から～』青山ライフ出版

経済企画庁（1988）「主要国・地域の経済統計（1）　アメリカ」『月例経済報告』1988年4月号

経済産業省（2019）「第2節　世界的な過剰生産能力問題への対応」『通商白書2018』，https://www.meti.go.jp/report/tsuhaku2018/2018honbun/i2220000.html（2023年1月1日確認）

経済産業省「始動プロジェクト」ホームページ，https://sido.jp/（2023年3月1日閲覧）

経済産業省資源エネルギー庁（2017）「今さら聞けない「パリ協定」 ～何が決まったのか？ 私たちは何をすべきか？～」（2017年8月17日），https://www.enecho.meti.go.jp/about/special/tokushu/ondankashoene/pariskyotei.html（2023年3月1日閲覧）

厚生労働省統計

国連「UNWTO（United Nations World Tourism Organization）」

国連統計

国連貿易開発会議統計，https://unctad.org/statistics（2023年3月1日閲覧）

国家統計局「農民工観測調査報告」

国家統計局人口和社会科技統計司・労働和社会保障部規画財務司編

財務省『法人企業統計季報』

財務省ホームページ「戦後の国債管理政策の推移」

榊原英資（2017）「オバマ大統領の経済政策と世界へのインパクト」『キャリタス就活』（2016年10月5日記事），https://job.career-tasu.jp/finance/columns/pro001/019/（2020年11月11日確認）

産経ニュース「平成30年史 バブル，それから」，https://www.sankei.com/economy/news/170604/ecn1706040004-n1.html（2023年3月1日閲覧）

時事通信ニュース「オバマケア拡充を表明 バイデン氏，すぐ着手 米大統領選」（2020年11月11日記事），https://news.yahoo.co.jp/articles/51ddb872423d5a89b0c75cca4f85f7f967a21f26（2021年1月20日閲覧）

首相官邸ホームページ，https://www.kantei.go.jp/jp/headline/seichosenryaku/sanbonnoya.html（2020年11月8日確認）

ジュンコ・グッドイヤー（2017）「「オバマケア」が機能不全に陥っている理由 これは理想的な国民皆保険ではない」『東洋経済オンライン』（2017年3月5日記事），https://toyokeizai.net/articles/-/161060（2023年3月1日閲覧）

白石麻保（2021）「中国経済の課題と展望（6）「ゾンビ企業」問題の本質」『日本経済新聞』（2021年12月17日記事），https://www.nikkei.com/article/DGKKZO78492550W1A211C2KE8000/（2023年3月1日閲覧）

菅原透（2018）「技術移転に中国「海亀族」の影 米中対立の根は深い」『日経ビジネスオンライン』（2018年12月11日記事），https://business.nikkei.com/atcl/report/16/120700255/120700003/（2023年1月2日閲覧）

政府印刷局「Economic Indicators」

世界のネタ帳，https://ecodb.net/（2023年3月1日閲覧）

総務省「消費者物価指数，平成17年基準消費者物価指数，長期時系列データ　接続指数」

地球の裏側からご近所までby FIT-Web Create. Powered by WordPress.「パリ協定アメリカ離脱の理由は？　脱退のメリットや世界の反応を調査！」（2019年11月7日記事），https://jam-messe.com/paris-agreement/（2023年3月1日閲覧）

中国科技統計年鑑

中国統計年鑑

蔡昉，丸川知雄（監訳・解説），（訳：伊藤亜聖，藤井大輔，三竝康平）（2019）『現代中国経済入門—人口ボーナスから改革ボーナスへ』東京大学出版会「Belt and Road Portal」ホームページ，https://eng.yidaiyilu.gov.cn/info/iList.jsp?cat_id=10061（2023年1月1日確認）

通商産業省調査統計部「生産・出荷・在庫指数確報」

津田建二「日本の半導体ICメーカーのシェアは2年連続6％」『Yahoo! ニュース』（2022年7月30日記事），https://news.yahoo.co.jp/byline/tsudakenji/20220730-00290664（2023年1月19日確認）

東京新聞「地方議員　20年間で半減　合併後も定数減らす」，https://www.tokyo-np.co.jp/article/politics/list/201904/CK2019040902000156.html（2021年1月1日閲覧）

投資の森，過去のNYダウ時系列データ一覧，https://nikkeiyosoku.com/nydow/data/（2023年3月1日閲覧）

東洋経済「中国経済はどう変わる？　習政権が掲げる「共同富裕」とは」（2022年6月23日記事），https://zuuonline.com/channels/toyoshoken/239352（2023年1月9日確認）

東洋経済『統計月報』（1995年7月号）

東洋経済新報社『経済統計年鑑2000』

トムソン・ロイター「トランプ大統領，新NAFTAに署名　成長押し上げに期待」（2020年1月30日記事），https://jp.reuters.com/article/usa-trade-usmca-idJPKBN1ZS2RB（2023年3月1日閲覧）

内閣府「世界経済の潮流　2013年II」ホームページ，https://www5.cao.go.jp/j-j/sekai_chouryuu/sa13-02/html/s2_13_2_1.html（2023年3月1日閲覧）

内閣府ホームページ「国民経済計算」

中林美恵子（2020）『沈みゆくアメリカ覇権　止まらぬ格差拡大と分断がもたらす政治』小学館新書

中本悟（2016）「どうする格差大国アメリカ〜なぜ「中間層」はこんなに衰退したのか　オバマ時代を検証する」『現代ビジネス』（2016年9月10日記事），https://gendai.ismedia.jp/articles/-/49631（2023年3月1日閲覧）

日テレNEWS24「【解説】なぜ米中が対立？　鍵を握るWHO」（2020年5月19日記事），https://www.news24.jp/articles/2020/05/19/10646225.html（2023年3月1日閲覧）

日本銀行『国際収支統計月報』

日本銀行（1988）「米国連邦財政赤字について」『調査月報』1988年10月号

日本銀行「個人消費の資産効果」『展望レポート』（2016年4月），https://www.boj.or.jp/mopo/outlook/box/data/1604BOX5a.pdf（2022年4月16日確認）

日本経済新聞（1993年2月19日記事）

日本経済新聞（1993年2月24日記事）

日本経済新聞「米，再交渉で対韓FTA押し切る　米軍撤収もカード」（2018年3月29日記事），https://www.nikkei.com/article/DGXMZO28689880Y8A320C1EA2000（2023年3月1日閲覧）

日本経済新聞「米貿易赤字が過去最大，18年8787億ドル」（2019年3月6日記事），https://www.nikkei.com/article/DGXMZO42125950W9A300C1FF2000（2023年3月1日閲覧）

日本経済新聞「中国の産業補助金5年で倍増　18年，上場企業に2.4兆円」（2019年12月16日記事），https://www.nikkei.com/article/DGXMZO53417490W9A211C1MM8000/?n_cid=DSREA001（2023年3月1日閲覧）

日本経済新聞「家計金融資産，初の2000兆円台」（2022年3月18日記事）

日本評論社（1992）『アメリカ経済白書』1992年版，日本評論社

野村證券ホームページ「証券用語解説集［理財商品］」，https://www.nomura.co.jp/terms/japan/ri/A02284.html（2022年12月30日閲覧）

萩原伸次郎（2015）『オバマの経済政策とアベノミクス　日米の経済政策はなぜこうも違うのか』学習の友社

林幸秀（2011）「主要国の科学技術イノベーション　政策動向」『科学技術・学術審議会産業連携・地域支援部会　資料2　産学官連携推進委員会（第3回）』（平成23年6月21日）

ビットコインと仮想通貨のいろは「アメリカのTPP離脱の理由とトランプ大統領の目的はコレ！」（2017年1月25日記事），https://min-tori.com/39.html（2023年3月1日閲覧）

平賀功一（2021）「「住宅ローン減税」改正で還付金もらえるのは誰」『東洋経済オンライン』（2021年2月25日記事），https://toyokeizai.net/articles/-/412200?page=2

（2023年3月1日閲覧）

藤木剛康（2008）「第5章　通商政策─貿易促進権限と自由貿易協定─」『G・W・ブッシュ政権の経済政策─アメリカ保守主義の理念と現実─』河音琢郎・藤木剛康編著（2008），ミネルヴァ書房

米国国務省「Survey of Current Business」

丸川知雄（2021）『現代中国経済　新版』有斐閣アルマ

三尾幸吉郎（2016）「中国株市場の成り立ちと特殊性─日本株市場との違いに焦点を当てて」『経済レポート』（2016年6月22日記事），https://www.nli-research.co.jp/report/detail/id=53183?site=nli（2023年3月1日閲覧）

水野勝之（1997）『マクロ経済分析入門』創成社

水野勝之（2001）『どうなってるの!?　日本の経済』中央経済社

水野勝之（2021）『基本経済学視点で読み解く　アベノミクスの功罪』中央経済社

南亮進，牧野文夫（2016）『中国経済入門［第4版］高度成長の終焉と安定成長への途』日本評論社

室井秀太郎（2018）『習近平は毛沢東になれるのか─「一帯一路」と「近代化強国」のゆくえ』原書房

森さやか「トランプ政権「温暖化の懐疑派」を海洋大気庁『チーフ科学者』に任命」『Yahoo! ニュース』（2020年10月29日記事），https://news.yahoo.co.jp/byline/morisayaka/20201029-00205344/（2023年3月1日閲覧）

山縣宏之（2008）「第2章　産業政策」『G・W・ブッシュ政権の経済政策─アメリカ保守主義の理念と現実─』河音琢郎・藤木剛康編著（2008），ミネルヴァ書房

山家悠紀夫（2019）『日本経済30年史　バブルからアベノミクスまで』岩波新書

リベラルアーツガイド「【レーガノミクスとは】その意味・背景・結果をわかりやすく解説」，https://liberal-arts-guide.com/reaganomics/#3-2（2022年4月20日確認）

ロナルド・パールマン（2002）「米国レーガン政権下における税制改革の経験」『税制調査会総会資料（2002年3月26日）』，https://www.cao.go.jp/zei-cho/history/1996-2009/gijiroku/soukai/2001/pdf/a25kaib.pdf（2022年4月21日確認）

Asian Infrastructure Investment Bankホームページ，https://www.aiib.org/en/index.html（2023年1月1日閲覧）

CDE（2007b）

Credit Suisse Research Institute（2022）"Global Wealth Report 2022"

Economic Report Of the President 1989

GLOBAL NOTE, IMF, https://www.globalnote.jp/post-12146.html（2023年3月1日閲覧）JETRO「国・地域別情報　基礎的経済指標，米国」，https://www.jetro.

go.jp/world/n_america/us/basic_01.html（2023年 3 月 1 日閲覧）

IMF統計

Laura Silver（2021）"Amid pandemic, international student enrollment at U.S. universities fell 15% in the 2020-21 school year" Pew Research Center, https://www.pewresearch.org/fact-tank/2021/12/06/amid-pandemic-international-student-enrollment-at-u-s-universities-fell-15-in-the-2020-21-school-year/（2023年 1 月 2 日閲覧）

Silk Road Fundホームページ，http://www.silkroadfund.com.cn/enweb/23773/index.html（2023年 1 月 1 日閲覧）

Statista（2022）"Number of unicorns globally as of November 2022, by country"

The University of Washington's Global Innovation Exchangeホームページ，https://gix.uw.edu/（2023年 1 月 2 日確認）

The WORLD BANK "World Bank Open Data", https://data.worldbank.org/（2023年 3 月 1 日閲覧）

U.S. BUREAU OF LABOR STATISTICS, Archived Employment and Earnings Tables, Employees on nonfarm payrolls by major industry sector and selected industry detail, seasonally adjusted, Total nonfarm, https://www.bls.gov/ces/data/employment-and-earnings/（2023年 3 月 1 日閲覧）

U.S. BUREAU OF LABOR STATISTICS, Labor Force Statistics from the Current Population Survey, https://data.bls.gov/pdq/SurveyOutputServlet（2023年 3 月 1 日閲覧）

World Bank Blogs "New World Bank country classifications by income level: 2022-2023", https://blogs.worldbank.org/opendata/new-world-bank-country-classifications-income-level-2022-2023#_ftnref1（2023年 3 月 1 日閲覧）

World steel association "Steel Statistical Yearbook"

【著者紹介】

水野　勝之（みずの　かつし）　執筆担当：第1章～第11章，第13章

　明治大学商学部教授，博士（商学）。早稲田大学大学院経済学研究科博士後期課程単位取得満期退学。経済教育学会会長。『ディビジア指数』創成社（1991年），『新テキスト経済数学』中央経済社（2017年，共著），『余剰分析の経済学』中央経済社（2018年，共著），『林業の計量経済分析』五絃舎（2019年，共編著），『防衛の計量経済分析』五絃舎（2020年，共編著），『コロナ時代の経済復興』創成社（2020年，編著），『基本経済学視点で読み解く　アベノミクスの功罪』中央経済社（2021年），『地域創生読本－北海道浦幌町編－』五絃舎（2023年，編著），『地域創生読本－千葉県浦安市編－』五絃舎（2023年，編著）その他多数。

楠本　眞司（くすもと　しんじ）　執筆担当：第4章，第8章，第9章

　元明治大学商学部兼任講師，同大学研究・知財戦略機構客員研究員（経済教育研究センター所属），日本大学短期大学部兼任講師。明治大学大学院政治経済学研究科経済学専攻博士後期課程修了。主な著書・論文に『日本経済の三〇年　産業循環の視点から』青山ライフ出版（2012年），「米国製薬業界の大型合併動向の意味するもの：産業循環の視点から」，「医療と医薬品産業のイノベーション」などがある。

土居　拓務（どい　たくむ）　執筆担当：第1章～第3章，第5章～第7章，第12章，第13章

　農林水産省農林水産政策研究所主任研究官。明治大学商学部兼任講師，同大学研究・知財戦略機構客員研究員（経済教育研究センター所属），同大学商学研究所特任研究員。経済教育学会理事。（一社）Pine Grace設立・事務局長。森林総合監理士（フォレスター）。主な著書・論文に『余剰分析の経済学』中央経済社（2018年，共著），『新行動経済学読本－地域活性化への行動経済学の活用』明治大学出版会（2021年，共編者）「日本林業におけるK－指標比率と全要素生産性ラチェット効果量の計測」，「全要素生産性（TFP）技術進歩率が短期供給曲線に及ぼす影響の事例研究」などがある。

本田　知之（ほんだ　ともゆき）　執筆担当：第14章，第15章

　外務省在シアトル日本国総領事館領事（経済担当）。明治大学研究・知財戦略機構客員研究員（経済教育研究センター所属）。（一社）Pine Grace理事。岩手県住田町すみた大好き大使。森林総合監理士（フォレスター）。主な論文に「「ジブンゴト」としての行政イノベーション」，「The Great Lockdown"からの経済の立て直し～グローバル視点とローカル視点から～」，「造林分野におけるイノベーション創出に向けた取組」などがある。京都大学農学部，同大学院農学研究科卒。

変革と共存の現代経済史

日米中の経済力学を解き明かす

2023年8月10日　第1版第1刷発行

著　者	水楠土本	野本居田	勝眞拓知	之司務之継

発行者　山　　本　　　　　継

発行所　㈱中央経済社

発売元　㈱中央経済グループ
　　　　パブリッシング

〒101-0051　東京都千代田区神田神保町1-35
電話　03(3293)3371（編集代表）
　　　03(3293)3381（営業代表）
https://www.chuokeizai.co.jp
印刷／昭和情報プロセス㈱
製本／㈲井上製本所

＊頁の「欠落」や「順序違い」などがありましたらお取り替えいた
しますので発売元までご送付ください。（送料小社負担）

ISBN978-4-502-46801-8　C3033